# Céu da Boca

Dados Internacionais de Catalogação na Publicação (CIP)
(Câmara Brasileira do Livro, SP, Brasil)

Céu da boca : lembranças de refeições da infância / [Edith M. Elek organizadora ; ilustrações Marcelo Cipis]. — São Paulo: Ágora, 2006.

Vários autores.
ISBN 85-7183-023-1

1. Infância  2. Reminiscências  I. Elek, Edith M.  II. Cipis, Marcelo.

06-6155                                                    CDD-920

Índice para catálogo sistemático:

1. Reminiscências de infância    920

Compre em lugar de fotocopiar.
Cada real que você dá por um livro recompensa seus autores
e os convida a produzir mais sobre o tema;
incentiva seus editores a encomendar, traduzir e publicar
outras obras sobre o assunto;
e paga aos livreiros por estocar e levar até você livros
para a sua informação e o seu entretenimento.
Cada real que você dá pela fotocópia não autorizada de um livro
financia o crime
e ajuda a matar a produção intelectual de seu país.

# Céu da Boca

## LEMBRANÇAS DE REFEIÇÕES DA INFÂNCIA

Anna Verônica Mautner
Antonio Kehl
Antonio Maschio
Bel Coelho
Boris Fausto
Caloca Fernandes
Cassiano Elek Machado
Edith M. Elek (org.)
Fernando Pacheco Jordão
Hamilton Mellão
Ignácio de Loyola Brandão
István Wessel
Ivana Arruda Leite
Maddalena Stasi
Maria Rita Kehl
Moacyr Scliar
Renata Braune
Ruth Rocha

EDITORA
ÁGORA

*CÉU DA BOCA*
*Lembranças de refeições da infância*
Copyright © 2006 by autores
Direitos desta edição reservados por Summus Editorial

Editora executiva: **Soraia Bini Cury**
Assistente de produção: **Claudia Agnelli**
Capa e ilustrações: **Marcelo Cipis**
Finalização de capa: **Daniel Rampazzo / Casa de Idéias**
Projeto gráfico: **Daniel Rampazzo / Casa de Idéias**
Diagramação: **Raquel Coelho / Casa de Idéias**
Fotolitos: **Casa de Tipos**
Impressão: **Sumago Gráfica Editorial Ltda.**

**Editora Ágora**
Departamento editorial:
Rua Itapicuru, 613 – 7º andar
05006-000 – São Paulo – SP
Fone: (11) 3872-3322
Fax: (11) 3872-7476
http://www.editoraagora.com.br
e-mail: agora@editoraagora.com.br

Atendimento ao consumidor:
Summus Editorial
Fone: (11) 3865-9890

Vendas por atacado:
Fone: (11) 3873-8638
Fax: (11) 3873-7085
e-mail: vendas@summus.com.br

Impresso no Brasil

# sumário

prefácio, 7

devorando o brasil, 9
Anna Verônica Mautner

pura magia, 17
Antonio Maschio

em busca da açorda perfeita, 23
Bel Coelho

pratos à mesa: memória e continuidade, 29
Boris Fausto

duas lembranças no mínimo desagradáveis, 35
Caloca Fernandes

o jogo do bicho, 41
Cassiano Elek Machado

rapsódia húngara, 47
Edith M. Elek

sabor de férias e transgressão, 55
Fernando Pacheco Jordão

zio gaetano, 59
Hamilton Mellão

o cheiro do almoço de domingo, 71
Ignácio de Loyola Brandão

gosto de aventura, aroma de liberdade, 77
István Wessel

do forno pro computador, do computador pro forno, 81
Ivana Arruda Leite

provações, 87
Maddalena Stasi

dois jantares, 91
Maria Rita Kehl e Antonio Kehl

à mesa com a mãe judia, 101
Moacyr Scliar

memórias infantis e heranças gastronômicas, 107
Renata Braune

minha família, 115
Ruth Rocha

# prefácio

Relembrar as reuniões de família durante as refeições conta muito de nossa história. É como capturar uma cena simbólica, um retrato das relações que rolam naquele espaço, um *still* da vida. Quem senta onde? O que se come? Quem cozinha o alimento e quem o serve? Que vozes predominam? Sobre o que se fala? Quem passa despercebido? Quem sempre arruma uma briga? Quem está sempre de bom humor e põe panos quentes nas disputas? Quem é o bravo e quem é o bonzinho? E o engraçado?

Minha atenção para esse fato foi despertada anos atrás, quando trabalhava com grupos de pessoas que enfrentavam um câncer. Um dos exercícios que têm como objetivo ajudar cada participante a compreender melhor sua história era esse: após um longo relaxamento, pedíamos que relembrassem uma cena da infância ou começo da adolescência que havia sido muito marcante, quer porque fosse boa, quer porque fosse ruim. As cenas eram desenhadas com giz-de-cera em grandes cartolinas e conduziam a trocas e conversas em pequenos grupos.

Sete entre dez relatos tinham como cenário uma mesa de refeição.

*Céu da boca* surgiu de meu pedido a algumas pessoas – dezesseis, mais exatamente – para que repetissem a façanha. Escolhi escritores, jornalistas, *chefs* e profissionais da área psi, de diferentes gerações.

Alguns convidados se mantiveram fiéis à pauta proposta. Outros dispararam seus mecanismos de memória gustativa e falaram de suas *madeleines*.

Uma das convidadas, não por acaso psicanalista, chamou o irmão para que, juntos, descrevessem a mesma cena, e com isso os participantes viraram dezessete.

Não resisti à tentação: entrei na festa também e com isso completamos o número dezoito, que na cabala é símbolo de vida. A vida que espero ver aqui representada no resgate das lembranças de cada leitor. Um exercício de prazer e memória.

A todos os que participaram comigo desta gostosa jornada, o meu imenso obrigada.

*Edith M. Elek*

# devorando o brasil
## anna verônica mautner

Não foram poucos os momentos inesquecíveis da minha vida que posso associar facilmente a uma mesa posta. Difícil é escolher um deles. Mas o que quero mesmo relatar é a importância que o cheiro, o gosto, o jeito da comida caseira brasileira tiveram no processo de minha assimilação, pois nasci na Hungria. Muito antes de eu optar pela cidadania brasileira, aos 18 anos, já vinha devorando o Brasil na forma da cocada, da goiabada, do arroz com feijão, do bife acebolado, tudo tão nosso. Isso para não falar das sopas ingênuas e cândidas, do lanche da noitinha e dos encantadores macarrõezinhos nadando nas sopas. Rememorando, percebo que minha assimilação foi antropofágica. Meu coração, minhas glândulas salivares, minhas evocações sobre o comer quase sempre incluem sabores e cheiros. Torcendo e espremendo, não consigo, sem me trair, deixar de contar pelo menos três histórias. Lá vai a primeira:

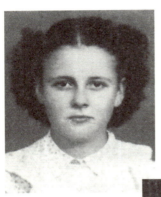

anna verônica mautner

havia o fim do dia útil – a hora de fechar a loja. Era hora de jantar. Se eu quisesse falar como se falava lá no meu bairro, diria que era chegada a "hora da janta". Meus pais tinham um salão de cabeleireiro e felizes eram aqueles dias em que a última freguesa saía antes das seis e meia. Quando os dois ponteiros do relógio apontavam para baixo e os sinos da igreja já tinham tocado para o *Angelus*, nós três íamos nos reunir em volta da singela mesa retangular da nossa cozinha. Meu pai era sempre o último a chegar, porque ia todos os dias até a Casa Clemente, que, para nossa alegria, ficava exatamente em frente à Casa Martim, nosso salão de beleza – ou, como se dizia na época –, o salão de cabeleireiro, nosso ganha-pão. Nenhum de nós combinava com o salão; provavelmente por isso é que ele não deu certo nem lucro. Voltando à Casa Clemente, vocês poderiam perguntar: o que meu pai ia fazer lá diariamente? Era uma mercearia que vendia comidas especiais para estrangeiros que queriam manter os hábitos da terra natal: salsichas, frios, picles, pães pretos, especiarias européias, creme de leite fresco, manteigas sem sal e laticínios em geral. Para meu pai, refeição da noite era lanche. Como não tínhamos geladeira (aliás, na rua Trindade nenhum pequeno comerciante tinha), meu pai comprava seus 100 gramas de frios antes de subir para a cozinha da nossa casa. Aí ocorria a cerimônia – sem nenhuma cerimônia – da nossa refeição em família. Quando o jantar terminava, meu pai já não estava lá. Era com a minha mãe que eu ia jogar *crapeaux* (jogo de paciência a dois). Logo depois de umas poucas rodadas, era a hora de eu ir dormir.

Existiam dias diferentes, muito melhores do que os outros. Era quando a diarista deixava, ali no caldeirãozinho, uma singela porém, para mim, divina sopinha de macarrãozinho. Aí o sublime se instalava. Ao esquentar a sopa, o êxtase já se aproximava. Hoje eu sei por que a sopinha era tão especial. Era das poucas lascas de brasilidade que entravam nos nossos hábitos. Lá na Lapa, aqui no Brasil, éramos estranhos no ninho. A rua tinha 256 metros e o Salão Martim, atrás do qual nós morávamos, ficava no número 116. Quando lá chegamos, a rua Trindade era constituída de 256 metros de homogeneidade. Só três unidades eram estranhas: o depósito de material de construção do senhor Camacho, que não morava lá, a loja Weingand, que também deveria ter um dono que não morava ali, e as Casas Pernambucanas. De resto, éramos todos da mesma classe, ou tribo. Até o médico, o dentista, o oftalmo e mesmo o farmacêutico mantinham seu ganha-pão na frente e a moradia nos fundos. Ali moravam e trabalhavam, criavam seus filhos, brasileiros, sírios (naquele tempo nem todos eram libaneses), italianos, judeus e até uns alemães.

Éramos estranhos no ninho porque, apesar de sermos judeus, não éramos emigrantes oriundos da Europa Oriental e por isso, não falando o ídiche, éramos excluídos da comunidade. Os outros judeus praticamente não sabiam da existência de judeus que desconhecessem o ídiche e nos estranhavam. Também não éramos nem sírios nem brasileiros nem italianos. Muito menos católicos, como todos os outros. Nas grandes festas judaicas nós não íamos à sinagoga, o que nos tornava verdadeiros ETs. Minha mãe não me deixava brincar na rua depois do jantar e muito cedo, antes de todos os outros, eu já sabia como é que as criancinhas eram feitas e como nasciam. Ninguém sabia onde nos colocar. Quanto mais bizarros éramos, mais eu me ressentia, sem saber por quê, e mais eu devorava o Brasil às colheradas.

Ah, se meus vizinhos soubessem como eu farejava os cheiros de suas cozinhas enquanto era condenada à inexpressividade da nossa vida sem raízes e vivia longe da nossa tradição culinária. Nenhuma mulher da rua teria a ousadia de não cozinhar para a família. Só a dona Rosa, minha mãe, é que se permitia manter-se blindada com seus hábitos e costumes, plantada no meio dessa comunidade. E, quando a sopa de macarrãozinho recendia na minha casa, meu pé tocava o chão. Eu estava ali, no Brasil, um dia criaria raízes, aprendendo a fazer farofa, gostando de azeitona e me encantando por sardinhas fritas. Tudo isso só tinha no quintal do vizinho. No caso, a galinha do vizinho era mesmo mais gorda.

Nessa mesma época, para ser mais esquisita ainda, para mostrar seu autêntico desdém por tudo que a cercava, minha mãe escolheu me matricular numa escola de freiras, às quais avisou, em alto e bom som, que queria que eu freqüentasse a escola, mas não permitiria meu batismo. Se elas quisessem me catequizar, que o fizessem, mas água benta só aos 18 anos. Fui contaminada por todas as crendices de um catolicismo de bairro, mas na hora do pretenso batismo eu já estava longe das capelas. Parecia-me que tinha esquecido do colégio que freqüentei por quatro anos. Aos 18 anos, eu já era trotskista. Além da religião, esse colégio tinha o almoço bem brasileiro, pois eu era semi-interna. Hoje esse regime de escola chama-se "tempo integral". Aí eu devorava o Brasil na forma do arroz, do feijão, do macarrão, do chuchu, da couve: tudo que não tinha na minha casa. E eu comia muito, com muito prazer, com sofreguidão. Era meu acesso ao Brasil.

Lembro-me de uma freguesa do salão que, um dia, deu de presente aos meus pais um livro, *Obras-primas do conto brasileiro*. Livro este que, mais tarde, lá pelos meus 11 anos, devorei – e a partir daí os livros também passaram a ser ingeridos e devorados.

Outra esquisitice nossa era almoçar fora aos domingos, enquanto os outros, meus amiguinhos da rua, com certeza não tinham esse ritual. Durante muitos anos, íamos de bonde até a Praça do Correio para almoçar no restaurante O Leão, onde eu invariavelmente comia bife à milanesa, não me lembro com qual acompanhamento. Não comíamos sobremesa n'O Leão. Íamos para a confeitaria Candy, que ficava logo ali, do mesmo lado da avenida São João. Não lembro o que fazíamos depois. Em outros domingos, íamos na Dona Henriqueta, um restaurante lá da Lapa que tinha a melhor macarronada do mundo e o melhor croquete de toda a Via Láctea para o meu paladar. Quando o ritual era esse, eu até sei o que fazia depois: ia ao cinema, na matinê. Perto da minha casa havia dois cinemas – o Recreio e o Carlos Gomes.

Também era ótima a comida que eu ganhava quando ficava doente. Invariavelmente, minha mãe me fazia mingau de semolina com chocolate em pó espalhado por cima. Ela ia me dando as colheradas, começando pelas bordas do prato fundo. Se eu olhar para a década de 1940 e o começo de 1950, acho que só me lembro dos momentos em que eu podia devorar o Brasil para ser menos esquisita. Como se Brasil fosse algo a ser ingerido para entrar na circulação do sangue. Criada tão fora de qualquer fôrma, até hoje adoro os poucos momentos em que consigo não me sentir estranha no ninho.

# receita

## a sopa

Pegue um pouco de músculo e pique. Junte também um pouco de cebola para fazer um refogado bem "bobo". Em outra panela, ponha água para ferver e despeje um tanto sobre o refogado.

Deixe cozinhar até a carne amolecer um pouco. Salgue de leve. Aí, misture uns pedaços de cenoura, quem sabe um talo de salsão, se tiver, também um pouco de batata, umas folhas rasgadas de repolho, vagem e tudo que tiver sobrado de verdura que não dê gosto muito forte. Mandioquinha, berinjela, não; fazem qualquer sopa virar sopa de mandioquinha ou de berinjela. Se tiver uma ervilha-torta, pode pôr também. Quando tudo já estiver cozido, teremos um bom caldo. Quase na hora de servir, acrescente o macarrãozinho miúdo que você tiver escolhido. Quando a cozinha e a casa tiverem aquele cheiro de sopa quente, está na hora de servir.

P.S.: Se tiver um pé ou uma asa de galinha, ponha para cozinhar junto. Um caldo que leva um pouco de ave e um pouco de vaca fica especial. Esta iguaria toda só leva um tempero – sal.

ANNA VERÔNICA MAUTNER é socióloga, psicóloga e psicanalista da Sociedade Brasileira de Psicanálise de São Paulo. Além do trabalho clínico, interessa-se pela divulgação da abordagem psicanalítica na apreensão do cotidiano. Para tanto, tem investido em redigir crônicas. É autora de *Crônicas científicas* (Escuta) e de *Cotidiano nas entrelinhas* (Ágora) e colunista da *Folha de S.Paulo,* no caderno *Equilíbrio.*

# pura magia
## antonio maschio

Era a pura magia da rainha dos alquimistas. O perfume com poder de hipnotizar os mais abnegados se espalhava por toda a casa. Persegui a minha vida inteira o segredo do aroma que era capaz de transformar uma alma entristecida no espírito de um querubim mais serelepe. O objeto de minha paixão: uma carne de panela com batata.

Simples? Só se for para um ser não agraciado com a sensibilidade da pureza. A preciosidade saía da panela que minha avó mexia com a maestria que só as fadas feiticeiras conhecem. Detentora de uma sabedoria quase palpável, minha avó era mais que uma simples mulher: era uma fortaleza. Passei anos e anos na vã tentativa de igualar tal aroma. Ledo engano achar que ao me transformar num *chef* de cozinha com refinamento internacional poderia chegar perto da sedução daquele bálsamo. Nunca consegui.

antonio maschio

**sempre me** perguntei se o segredo seria a vida de minha avó. Será que de sua mão flutuavam fragmentos de histórias de sua trajetória? Será que a força de seu caráter ajudava a temperar? Ou será que a fortaleza de sua alma, forjada a muito sofrimento, ajudava a perfumar os pratos? No caso de minha avó, tudo isso era bem provável.

Ainda menina, Tereza Cristina Nalhatti Vendramini saiu da cidade de Veneza, na Itália, rumo ao Brasil. Por que a família veio? Vergonha.

É isso mesmo. Meu bisavô não suportou a vergonha do destino de sua filha mais velha. Apaixonada por um bandoleiro e impedida de continuar com o romance, minha tia-avó se matou, ao lado do amado, dentro de uma igreja. Bem ao estilo de Romeu e Julieta, do famoso dramaturgo e poeta inglês William Shakespeare. Meu bisavô, que trabalhava com as famosas gôndolas de Veneza, enfileirou a família e tomou o primeiro navio com destino incerto. O requinte era tanto na época que os lençóis foram envoltos com cânfora, caso voltassem um dia. Quis o destino que isso nunca acontecesse.

O próprio destino de minha avó não foi também dos mais premiados. Tereza foi praticamente raptada por meu avô. Um tipógrafo e anarquista italiano que, por ironia da vida, estava no mesmo navio que ela. Aos 13 anos de idade, pariu o primeiro filho. Depois disso, mais vinte e oito rebentos vieram ao mundo. Tereza era agnóstica.

– Vó, por que a senhora não acredita em Deus? – eu perguntava sempre para provocá-la.

– Eu acredito na vida. Quer coisa melhor que a vida, meu neto?

Minha avó fazia tudo em casa: sabão, roupa e, é claro, toda a comida. As únicas coisas compradas eram o sal e o colorau.

Uma cena deslumbrante: um fogão à lenha com um enorme tacho de polenta. A luz que ilumina o cenário não é elétrica.

Num canto da cozinha ficavam os embutidos. O almoço, sempre servido às 10 horas da manhã, muitas vezes era para mais de cinqüenta pessoas. Precisava de até três homens para carregar o tacho de polenta e colocá-lo sobre o centro da mesa. Só aí é que minha avó derramava o molho e jogava o queijo ralado. A polenta era degustada com as mãos. Pode parecer pouco higiênico, mas nunca presenciei um momento mais bonito ou mais fraternal.

Cega de um olho por causa de um erro imbecil de um curandeiro, minha avó tinha uma beleza morena inigualável, a beleza pura daqueles que não passaram pela vida em vão e ajudaram a fazer o mundo.

Lembro-me de minhas tias lavando os cabelos de minha avó. Ela não os cortava. Chegavam ao chão.

Dos 80 aos 100 anos de idade, dona Tereza morou sozinha. Mantinha sempre a mesma rotina. Um copo de vinho no almoço, um copo de vinho no jantar e um cigarro de palha por dia. Só não morreu fumando porque morreu dormindo. Dinheiro? Morreu pobre de pertences. Um par de brincos, recebido de presente da mãe, ornamentou a sua orelha. Durante toda a vida só usou esses brincos. Foi enterrada com eles.

Hoje eu vejo que ela era o esteio de tudo. Até do meu avô. Nunca vi minha avó discutir com um filho. Chorar, então, era impossível. A única vez em que seus olhos verteram lágrimas, para meu espanto, foi quando mostrei umas fotos de sua terra natal. Fui o único, até então, da família que fiz o caminho do velho continente. Hoje, paro e penso em como eu a amei. É uma pessoa que quero encontrar no céu.

E, enquanto viver, nunca mais esquecerei do aroma perfumado da carne com batatas. De vez em quando ainda tento repetir o prato, mas nunca, jamais, consegui reproduzir aquele perfume inebriante. Não fica igual. Quem sabe alguém consiga.

# receita

carne de panela com batatas

*ingredientes*

1 quilo de peixinho ou músculo (carnes de segunda são sempre mais saborosas)
1 quilo de batata
1 cebola
6 cravos
3 dentes de alho
1 colher de sobremesa de colorau
1 xícara de café de óleo de canola
sal a gosto

*modo de preparar*

A carne e a batata devem ser cortadas em cubos. Numa panela média, coloque o óleo, a cebola e os cravos. Refogue por uns três minutos. Depois, acrescente a carne e a batata. Deixe refogar tudo, mexendo sempre, por uns 15 minutos. Coloque o sal, o colorau e um copo de água morna. Vá acrescentando a água conforme for secando. Cozinhe por aproximadamente uma hora. Sirva com arroz branco e salada de alface.

ANTONIO MASCHIO nasceu em 1947, em São José do Rio Preto, São Paulo. Veio para a capital em 1955 e trabalha desde os 7 anos de idade. Foi entregador, operador de máquina de assar frango e bancário. Também foi ator e produtor teatral no antigo Teatro de Arena, mas já nessa época era famoso pelas comilanças que promovia. Em 1980 inaugurou o Spazio Pirandello, misto de restaurante, galeria de arte e antiquário, responsável por vários eventos culturais da cidade, como jantares e leilões para arrecadar fundos para a reconstrução do Tuca. Entre 1990 e 1998, Maschio viveu em Tiradentes, Minas Gerais. Fazia esculturas em pedra-sabão, curadoria para artistas locais e preparava almoços e jantares por encomenda. Atualmente, divide-se entre várias atividades, sempre nas áreas que domina: culinária, artes plásticas e antigüidades, dando cursos, assessoria e, para sorte dos amigos, cozinhando.

# em busca da açorda perfeita
### bel coelho

Outro dia, no evento de uma revista, convidaram-me para dar uma aula de culinária. O tema escolhido era um prato de bacalhau. Além de o assunto principal ser bacalhau, eu teria de desenvolver uma releitura de alguma receita tradicional com o famoso peixe. Logo me vieram à mente as bacalhoadas tão presentes nas mesas brasileiras.

De repente, um *flashback*, e a bacalhoada de forno da minha avó-torta Dulce foi rapidamente substituída pela lembrança das refeições em que minha mãe, aflita, tentava reproduzir a desejada açorda de bacalhau. Meu pai, filho de portugueses, sugeria sutilmente:

– Ângela, faz tempo que você não faz aquela açorda...

Minha mãe, disfarçando sua lisonja, respondia:

– Pensei que você não tinha gostado tanto da última vez...

bel coelho

# ele dizia:

– O bacalhau estava um pouco salgado, de fato, mas estava saboroso.

Chegara a quinta, dia de feira, dia de provar manga na barraca de frutas da Graça, um dos meus programas prediletos. Entretida, tentando encontrar água para limpar minhas mãos meladas, mal vi mamãe comprando o bacalhau na barraca do seu Giusepe.

À noitinha, lá estava a bacia sobre a pia da cozinha, com partes iguais de água e leite e nosso protagonista. Preocupada com o excesso de sal, minha mãe não hesitava em trocar a água do peixe cinco vezes durante a dessalga. Eu não entendia muito bem o que significava todo aquele processo demorado, mas sabia que era fundamental.

Sábado pela manhã, mamãe me chamou para acompanhá-la na preparação da quase mistificada receita. Choro da cebola, dentes de alho amassados, azeite extravirgem, tomates despelados, pão dormido, maços de ervas, ovos caipiras, era um universo de cores que me encantava. Os aromas que ao longo da manhã se transformavam exalavam a ansiedade de minha mãe. De um banquinho, sentada com uma tigela no colo, desfolhando cheiro verde, eu assistia com água na boca a caçarola de ferro fundido quase movendo-se sobre o fogão.

Os ovos e as ervas eram colocados por último no caldo, já engrossado pelo pão despedaçado. Insegura, minha mãe provava e retificava o tempero repetidamente.

– Ângelaaaaaaaaaaa!!! Tá pronto? É pra hoje ou pr'amanhã essa açorda? – gritava meu pai.

– Tá na mesa, Zé, chama as crianças...

Papai na cabeceira, minha mãe à sua direita e os filhos distribuídos sem regras. Todos atentos e curiosos esperando a reação de meu pai. Ele retira a tampa da panela e o perfume inebriante nos deixa otimistas. "Será que o pão foi suficiente? Será que está bom de sal? E o ovo, no ponto?", perguntava minha mãe antes mesmo de ele provar. Com a açorda já no prato fundo, sua primeira colherada abre o ovo, que escorre a gema como deve ser, colorindo o prato e o sorriso de mamãe. O clima de tensão dissolve-se com os sons e exclamações que colocavam à mesa o evidente deleite.

Desconstruí a familiar receita da açorda para aquela aula sobre bacalhau. Cozinhei os ingredientes separadamente para respeitar cada tempo de cocção. Fiz um saboroso consomê à parte, e ensinei orgulhosamente minha açorda "relida", mesmo sabendo que a magia do episódio da infância jamais será desconstruída.

# receita

açorda de bacalhau

*ingredientes*

400 g de bacalhau demolhado

300 ml de azeite extravirgem

4 fatias de pão francês, adormecido, fatiado (1 cm)

6 unidades de batata bolinha com casca, cozida e em fatias finas

½ cebola em fatias finas

1 colher de sopa de salsinha lisa, picada

2 tomates-cereja cortados ao meio

2 azeitonas pretas cortadas em tirinhas

4 gemas de codorna cruas

algumas gotas de suco de limão

4 dentes de alho descascados e pré-assados com azeite extravirgem

4 folhas de salsinha lisa lavadas

4 folhas de coentro lavadas

sal a gosto

pimenta-do-reino moída na hora a gosto

## consomê

300 g de aparas de bacalhau
25 g de salsão picado
25 g de cebola queimada e picada
25 g de cenoura picada
25 g de alho-poró picado
2 claras de ovo geladas
25 g de tomate picado
suco de 1 limão
2 pitadas de sal
1 *sachet d'épice* (veja em *modo de preparar*)
1 litro de água em que o bacalhau foi demolhado

*modo de preparar*

1. Bata as claras ligeiramente em uma tigela de metal. 2. Misture todos os ingredientes, com exceção da água e do sachê. 3. Coloque os ingredientes e a água em uma panela. 4. Amarre o sachê no cabo da panela e coloque dentro da mistura preparada. 5. Ferva esse caldo e baixe o fogo. 6. O consomê deve cozinhar por 40 minutos em fogo muito baixo (sem ferver ou mexer). 7. Coe-o, se possível em um coador de café de papel. O consomê deve ficar sem gordura, cristalino. Reserve o consomê e esquente quando for servi-lo com os outros ingredientes. Retifique o sal e a pimenta.

## sachê

Com um pedaço de pano e barbante, faça um sachê recheado com pimenta-do-reino em grãos, 1 dente de alho sem casca e amassado, tomilho fresco, caule de salsinha e 1 folha de louro.

## bacalhau

1. Marine o bacalhau demolhado no azeite extravirgem por 1 hora. Fatie o bacalhau em lascas e guarde o azeite. 2. Refogue a cebola fatiada em um pouco do azeite da marinada até dourá-la. Acrescente a batatinha, a salsinha picada e tempere com sal e pimenta. 3. Grelhe as lascas de bacalhau em frigideira antiaderente, utilizando ainda o mesmo azeite da marinada. 4. Em um prato fundo, disponha a fatia de pão no centro e por cima coloque a batata refogada e as lascas de bacalhau, formando uma pilha. Ao redor dessa pilha, disponha meio tomate-cereja, 1 folha de salsinha, 1 folha de coentro, algumas tirinhas de azeitona, o alho previamente assado e a gema de codorna. Coloque por cima da gema 2 gotas de limão. 5. Moa pimenta-do-reino no prato e regue os ingredientes com um pouco do mesmo azeite. 6. Esquente o consomê (veja receita) e com um bule derrame-o sobre os ingredientes dispostos no prato fundo.

DE ORIGEM PORTUGUESA, italiana e francesa, um tanto paulista e outro tanto carioca, **Isabel Aranha Coelho** nasceu em 1979. Sensível e receptiva aos sabores e perfumes que povoavam sua casa, desde a infância, no convívio dos pais e mais três irmãos, despertou cedo para os engenhos da culinária. Cursou a famosa Culinary Institute of America, de 1998 a 2000. Sua experiência profissional inclui passagens pelos restaurantes Laurent, Fasano e D.O.M. Já como *chef* de cozinha, Bel Coelho trabalhou, em 2002, no Madelleine, na Vila Madalena, em São Paulo. Depois, criou o restaurante Sabuji, nos Jardins, no qual marcou presença com sua cozinha contemporânea.

# pratos à mesa: memória e continuidade
boris fausto

Os pratos não estão à mesa por conta própria. Eles são parte de um cenário de vozes e emoções, que brotam de uma tia aflita, de um pai sempre preocupado, de tensões e disputas entre os mais jovens. Família e pratos estão, pois, associados, mas aqui falo mais dos pratos que da família.

Alguns deles pertencem exclusivamente à memória; outros combinam memória com continuidade, seja no sentido positivo, seja no negativo. Destaco, entre os pratos do primeiro gênero, uma sobremesa, morango com creme chantili, o que significa começar pelo fim, na ordem das coisas. Os morangos não tinham o tamanho dos de agora. Eram pequenos, rubros e muito doces, contrastando com os de hoje, enormes porém sem gosto, ou seja, bonitões mas ordinários. Para que não se diga que estou cometendo o pecado do saudosismo, invoco o sábio testemunho de um

boris fausto

velho plantador, japonês de Ibiúna – aliás, japonês meio caboclo, como indica o cigarro de palha preso precariamente na boca entre os dentes cariados.

Muita gente vai em busca de seus morangos, tidos como especiais porque pequenos, rubros e doces. Perguntei ao homem como conseguia obter aqueles morangos, tão superiores aos hoje existentes. Ele confirmou o esperável: os pesticidas, as técnicas supostamente sofisticadas, o desconhecimento, acabaram com a qualidade da produção de outrora. E me deu um exemplo geracional do corte da continuidade: "Quis animar um dos meus filhos a continuar plantando, mas ele me deu as costas. Sabe o que ele foi fazer? Arquitetura. Me diga o senhor, que entende desses assuntos, para que serve arquitetura se já tem engenharia?"

Na categoria dos pratos que representam memória e permanência, começo pelos prazerosos. Talvez devesse falar de comidas refinadas, ou da clássica e banal macarronada do domingo, mas prefiro ficar no terreno do prosaico: aveia e arroz com feijão e cebolinha, consumidos, obviamente, em horas distintas do dia. Não sei como me iniciei na aveia. Talvez conselho de médico, diante da preocupação de meu pai e minha tia com a magreza corporal na infância. O certo é que, pelos anos afora, fui e sou fiel ao alimento, no café da manhã. Felizmente, hoje, quando viajo, fico em hotéis que oferecem uma mesa variada. Passo correndo pelas salsichas borbulhantes, pela fritura dos *bacons*, e corro ao encontro da aveia. Porém, no passado, o *breakfast* na maioria dos hotéis era mesmo *fast* e mirrado, e eu ia em busca de um armazém onde existisse a base de meu prato indispensável, como um viciado busca o pó que acabou.

Na época, se bem me lembro, só havia um tipo de aveia em flocos – a Quaker. Não se trata de propaganda, pois hoje prefiro outra marca. Mas a Quaker teve um mérito, o da continuidade na apresentação, por muitas décadas. No rótulo da lata – não existiam pacotes – aparecia a figura de um *quaker* que eu não

32 • céu da boca

associava aos puritanos anglo-saxões, mas apenas à seriedade do produto. Havia também receitas breves em várias línguas e eu me encantava com os impenetráveis "rabiscos japoneses". Nossa empregada titular – havia outra, "a empregadinha" –, Maria Campaner, italiana do norte, imponente no seu vestido escuro e avental branco, embora analfabeta, chamava a aveia de "guaco", por razões que ignoro, mas que por certo nada tinham que ver com a designação de certa planta medicinal. Maria Campaner, ou simplesmente Ia, como a chamávamos em casa, era aliás uma figura especial, por várias razões. Entre outras, por pertencer a uma dessas famílias de imigrantes que vieram fazer a América e não prosperaram e por sua combinação, no linguajar, da fala caipira com um dialeto italiano.

Voltando ao tema, para falar a verdade, a fidelidade à aveia comportou algumas alterações ao longo do tempo. Comecei, por determinação dos maiores, comendo aveia cozida, até que proclamei minha independência e passei a comê-la crua, sempre misturada ao leite, em prato fundo. Muito tempo depois, quando enjoei do gosto do leite puro, passei a acrescentar um pouco de café e, mais recentemente, semente de linhaça, por prazer e pelas decantadas virtudes do ômega 3.

No caso do arroz com feijão e cebolinha, por mais que puxe pela memória, sou incapaz de lembrar a origem dessa preferência, proveniente da minha primeira década de vida. O feijão, com bom tempero, de caldo encorpado, pode ser mulatinho, jalo etc., mas nunca preto, pois, como diziam meus ascendentes maternos, vindos da área do mediterrâneo, "havicas negras" provocam tontura. Quando é possível fazer acompanhar a dupla arroz e feijão com a cebolinha, o deleite é completo. Não pode ser, porém, cebolinha já picada – fico com uma sensação de desperdício, se isso acontece –, pois o prazer consiste em ir cortando com os dentes a parte branca e tenra da cebola, mastigando-a vagarosamente até chegar ao talo.

E a aversão alimentar que nasceu muito cedo e perdurou para sempre? Há várias. Para não multiplicá-las, fico em dois casos. Um deles é o da perdiz, prato tido e havido como dos mais refinados por gente que entende do assunto. Para mim, trata-se de uma covardia. Certa vez, num desses penosos jantares de cerimônia, me vi diante da contingência de triturar o corpo do pobre passarinho. Disfarcei, toquei de leve na carne escassa, esbarrei num ossinho e pedi desculpas à pobre ave pela infâmia cometida.

O outro caso de aversão, que vai contra uma corrente generalizada, é o do frango, em qualquer de suas versões. Ainda assim, existem gradações. Consigo olhar para a massa insossa de carne branca, servida nas cada vez piores refeições das viagens aéreas. Mas viro os olhos diante dos anúncios da televisão, na hora do jantar, e mais ainda quando vem à mesa um daqueles "urubus" cozidos ou fritos, cujas pernas, braços e entranhas as pessoas vão estraçalhando e ingerindo, aparentemente com infinito prazer.

Nesse caso, sei a origem da aversão. A Ia, pelo menos uma vez por semana, trocava os trajes formais por uma vestimenta de batalha e se dedicava à inglória tarefa de matar as galinhas no fundo do quintal de minha casa. As pobres aves percebiam que seu tempo de vida se esgotava e se punham a cacarejar lamentosamente. Mas a Ia era implacável. Abria a porta do galinheiro, escolhia a vítima que lhe parecia mais propícia e a estrangulava com mãos de ferro, antes de cortar-lhe o pescoço. Assisti a umas duas ou três dessas cenas e tenho nos ouvidos os últimos "ais" das aves e, nos olhos, a visão do sangue jorrando.

Conheço uma pessoa que não come peixe em hipótese alguma, por razões que ignoro. Um dia lhe perguntei o que faria se colocada entre a alternativa de comer peixe ou morrer de fome. Respondeu-me com duas palavras: "Prefiro morrer". Pois eu, com relação ao frango, não chego a tanto. Talvez porque goste muito desta vida e duvide da outra.

**BORIS FAUSTO** nasceu em São Paulo em 1930, sendo historiador formado pela USP. Foi professor dessa Universidade e de várias outras no exterior, nos Estados Unidos, na Argentina, Inglaterra e Espanha. É autor de extensa obra, entre as quais se incluem os livros *História concisa do Brasil* (Edusp), *Memória e história* (Graal) e *Negócios e ócios* (Companhia das Letras), este último versando sobre sua história pessoal e de sua família, no qual descreve cenas à mesa.

# duas lembranças no mínimo desagradáveis
caloca fernandes

## 1. A Kopenhagen de Santos

A Kopenhagen de Santos, no início dos anos quarenta, ficava na avenida Dona Ana Costa, numa praça de formato circular que ainda deve estar lá até hoje. Era ali no Gonzaga que os meus primos e eu passávamos as férias, ora no Avenida Palace, ora no Parque Balneário ou no Atlântico. Tudo bem perto da Kopenhagen, com a sua vitrina cheia de chocolates, bombons e balas, provocante e colorida. Não sei o porquê, mas ela era um ponto obrigatório de passagem. Em qualquer passeio que fizéssemos pelas redondezas, dávamos com ela.

Um dia surgiu na vitrina um revólver colorido, deitado ao lado de outros brinquedos doces, que não tirava os olhos de mim. Era vermelho e amarelo, com uns toques azulados, coberto por

caloca fernandes

**açúcar granulado.** Imaginei como seria morder aquele revólver doce e colorido. Minha mãe foi contra: o preço devia ser um absurdo.

Quem disse que não sonhei com ele? Ficou uma obsessão, uma necessidade, um desejo incontrolável. O que devo ter chateado a minha mãe... E lá estava ele, outra vez, quieto e colorido na vitrina da Kopenhagen. Tornei a pedir, tornei a ouvir uma recusa.

Alguns dias depois, o bendito revólver ainda lá estava e, como sempre, quando a minha mãe cedia, exigia um compromisso quase formal de papel assinado com firma reconhecida:

– Tens a certeza de que queres? Vais comê-lo? – perguntou.

Assegurei-lhe de que sim, dei-lhe todas as garantias que estavam ao meu alcance e lá estava ele, finalmente, nas minhas mãos, embrulhado para presente.

No hotel, deixei-o sobre uma cômoda desembrulhado por vários dias. Ele olhava para mim e eu para ele. Como é que deveria comê-lo? Começando pelo cabo? Pelo cano? Mas, se o comesse, ia perdê-lo para sempre! Resolvi, então, dar uma lambidela para começar.

Foi horrível. Era marzipã. Eu detestava marzipã! (Hoje, depois que conheci a marzipã italiana ou o massapão português, a minha opinião mudou radicalmente.) Fiquei desapontado, sem saber direito o que fazer, como me livrar daquele estorvo.

– O quê? Não gostas? Agora vais comê-lo todo. Todo!

Minha mãe foi incisiva e lá comecei eu a mordiscar aquele horror. Aos poucos desmistificava o meu desejo: o revólver era uma armação de pau revestida de marzipã. E lá fui eu, dias a fio, tentando acabar com ele com as minhas mordidas desgostosas. Até que fui absolvido:

– Pronto. Já chega. Vê se aprendes a não pedir as coisas se não tens a certeza de que vais comê-las até ao fim.

Devo ter aprendido alguma coisa com isso, não sei. Mas adulto tem cada método de ensinar muito estranho...

## 2. As duas macarronadas

Pra mim, macarronada era o máximo. Nada melhor. Quem preparava era a Antonieta, uma mistura de babá e cozinheira, gorda e baixinha, amorosa como ninguém.

Era do Vale do Paraíba e preparava a macarronada como lá: bem cozida, molenga, com molho de guisado de frango tingido com colorau espanhol. Minha mãe não gostava de urucum, que até hoje é usado na macarronada preparada nas cidades do Vale, principalmente nas festas de casamento. Coisa de caipiras, sem sabor nenhum: "Não sabe a nada!" O colorau realmente, além da cor avermelhada, dava um leve sabor de pimentões, ingrediente com que é preparado. Se quisessem que eu comesse bem, ou que parasse de chorar nas minhas crises de filho único, era só pôr-me à frente d'um prato de macarronada. Lá ficava eu, preso na minha cadeirinha alta, feliz da vida, enrolando e chupando os fios do macarrão até ficar com a cara toda melada com as chibatadas da massa escorregadia de molho de frango e colorau.

Melhor do que a macarronada da Antonieta, no entanto, era a macarronada doce da Doceira Paulista, ali da rua Sebastião Pereira. Era como eu chamava os fios d'ovos, doce típico português que não faltava nas festas de aniversário, tanto nas lá de casa quanto nas da colônia portuguesa. Minha mãe apresentava os fios d'ovos armados em torno de um cone de cartolina cuidadosamente montado sobre um prato *art déco* de cristal opaco, peça assinada não me lembro mais por quem, talvez um tal de d'Elias. Era o grande final da festa depois de velinhas assopradas, partido o bolo, docinhos comidos. E eu me regalava com aquela pirâmide espetacular de macarronada, caprichosamente enfeitada com cerejas ao marasquino.

Um dia fomos ao aniversário da filha do senhor Mota, farmacêutico que vivia sobre a própria farmácia lá na Duque de Caxias quase esquina com a Rio Branco. Não conhecia nenhuma outra criança que lá estava, fiquei num canto, sem brincar, olhando a mesa, olhos grudados na macarronada doce. E nada. Apagaram-se as velinhas, dividiu-se o bolo, comeram-se os docinhos (tinha umas maçãzinhas de marzipã horríveis!), e nada de servirem os fios d'ovos.

Fomos para casa, eu cabisbaixo e triste, morrendo de desejo. Passei uma noite péssima, acho que cheguei a vomitar, delirei de febre, enfim, adoeci. A culpa foi de não ter comido a macarronada doce, concluiu a minha mãe.

No final da tarde lá veio ela, decidida, com uma bandeja coberta com o papel da Doceira Paulista. Era tudo pra mim: um pratão de macarronada doce inteirinho meu! Comi o que pude e o que não pude. O resultado foi tão desastroso quanto a abstinência do dia anterior. Uma boa dor de barriga, novas crises de vômito, mais uma noite sem dormir, mais febre, mais calafrios e muitos delírios.

Era muito criança ainda para aprender, como querem os chineses, a andar pelo caminho do meio... mas ainda chego lá!

CALOCA FERNANDES é paulistano e vive atualmente em Trancoso, sul da Bahia, ou em Salvador. Depende da maré. Jornalista, trabalhou em várias publicações da Editora Abril, onde, em 1968, escreveu e editou, ao lado de Luís Lobo, *A cozinha brasileira*, publicada em fascículos na revista *Claudia*. Foi quando começou seu interesse em desvendar as origens e as delícias da culinária brasileira. Autor, entre outros, dos quatro volumes dedicados à cozinha nacional na coleção **O Gosto Brasileiro**, da Editora Globo, e de *A culinária paulista tradicional nos hotéis e restaurantes Senac São Paulo* (Editora Senac) e *Viagem gastronômica através do Brasil* (Estúdio Sonia Robatto/Senac). Atualmente, prepara o *Pequeno dicionário ilustrado da gastronomia patrimonial brasileira*.

# o jogo do bicho
c a s s i a n o   e l e k   m a c h a d o

O bicho chifrudo não tira os olhos de mim. Eu tento tomar a sopa e o par de bolotas negras, escuras como a tinta da lua ou das lulas, não desvia da minha cabeça.

A impressão é de que se eu fizer um *schlurp* no contato dos lábios com o caldo quente e ralo o animal não vai suportar. O olhar do bicho me assusta mais que os chifres. Chifres longos, curvos, com dois espetos convincentes na ponta. Já cutucaram, acho, muitas peles inimigas. Perfuraram intestinos de hienas, lombos listrados de zebras, se atracaram em galhadas de chifrudos pouco simpáticos.

Agora eu era o norte. E o animal não piscava. Suas narinas pareciam secas. A boca fechada, lacrada, dona de todos os dentes.

Cuidadoso, coloco alguns cubinhos de torrada dentro do prato. Não quero respingos, ruídos, nem sequer soluço. Não posso

cassiano elek machado

despertar o mamífero do seu silêncio embalsamado. Já ouvi falar em bote, assisti a programas de bichos com cobras do deserto, tigres brancos ou babuínos. Primeiro uma quietude de quem é terra, depois as molas e uma sucessão de dentes e patas. Daí o controle da crocância. Empapadas as torradinhas, um ruído a menos.

À minha volta, todos conversavam, não tiravam os olhos da sopa, não percebiam que o bicho estava ali, seus olhos e chifres, e poderia atacar a qualquer momento.

Do lado esquerdo, minha irmã cravava os dentes aparelhados nos cubos crocantes, remexia sem parar o líquido pontuado por sementinhas de *kümmel*, e comentava estridente como eram fortes suas botas pretas de militar. Ao menos eles, os pés da irmã, estariam protegidos de qualquer investida.

Meus tênis, com rastros de saibro e furos entalhados por chutes de todos os tipos, não preservariam meus dedos por muito tempo.

Mesmo a presença de um caçador, a menos de um metro de mim, não resolvia a questão. O avô László Kapos deixara carcaças de todos os tipos em países viris como Quênia, Tanzânia e Suazilândia. No Canadá, sei que abateu ao menos um urso negro, de dentes do tamanho de meu mindinho.

Mas naquela hora, avoado da ameaça das presas, fazia a brincadeira de cada uma das quartas. "Quer água? Com ou sem espuma?"

"Com espuma", e ele despejava o conteúdo da jarra quase do lustre, esticando seu flexível bracinho de tenista húngaro. Do fundo do copo pequenas bolhinhas faziam fila para estalar na superfície.

Quieta, só a avó Magdalena. Delicada como avó, não ameaçava as orelhas do animal. Vivia no pequeno. No caderninho do tamanho de uma caixa de fósforos, anotava suas miudezas com lápis menor que meu mindinho – ou do que o canino de um urso canadense.

Como um mindinho era também a colher com que apanhava punhados de sal em um potinho de azul vivo e escuro, mais escuro, mas talvez não tão vivo, quanto o seu querido turquesa.

Às vezes eu também ficava turquesa. Aquelas sopas que não poupavam verões ("tudo parece mais fresco depois", dizia o avô); a travessa de salada, com seus trevos vermelhos e amarelos de pimentões; as berinjelas empanadas que não achavam asilo em meu prato; e os olhos de gude negro esquentando as nucas e os nuncas.

Nem bem o sininho convocava o cortejo de bolos, compotas e frutas, eu corria para o jardim e para a segurança da tartaruga cinqüentona.

Ela comia mamão, mordia os verdes mais escuros do gramado e observava, semana após semana, eu e o avô caçando lâmpadas queimadas no jardim, enquanto a irmã ia e voltava no balanço de junco.

Os botões de marias-sem-vergonha, a Fábrica de Chocolate, as diferentes raquetes, os astronautas da casinha de brinquedos, o armário de hortelãs, o Del Rey creme, todos. Todos são testemunha.

O bicho chifrudo não tira os olhos de mim. Eu tento tomar a sopa e o par de bolotas negras, escuras como a tinta da lua ou das lulas, não desvia da minha cabeça. Não tinha jogo.

# receita

sopa de *kümmel* (fornecida por mamãe)

É uma receita digestiva e popular por ser rápida, fácil e barata. É servida antecedendo pratos pesados ou quando se está doente.

*ingredientes*

1 colher de sopa de *kümmel*
1 colher de sopa de manteiga ou óleo
2 colheres de sopa de farinha de trigo peneirada
1 galho de salsão (opcional)
1 litro de caldo de carne ou de água

*modo de preparar*

Aqueça a manteiga ou óleo e doure as sementes de *kümmel*. Quando estiverem pipocando, acrescente a farinha, deixe dourar lentamente, mexendo para não empelotar. Deve ficar marrom-claro. Junte o caldo ou água, o salsão e cozinhe por cerca de 15 minutos. Coe e sirva com *croutons*.

CASSIANO ELEK MACHADO começou a teclar em um pianinho Hering aos 5 anos. Depois de algumas idas e vindas, passou para os teclados de computador. Primeiro, na *Folha de S.Paulo*. Dedilhou durante quase dez anos para o caderno *Ilustrada* e depois durante um ano para a revista *Trip*, onde atuou como redator-chefe. Hoje aperta teclados na revista *Piauí*, no Rio de Janeiro. É, orgulhosamente, filho da organizadora deste livro.

# rapsódia húngara
### edith m. elek

As refeições de minha infância eram um pouco solenes, mas sem pompa e circunstância.

Éramos três: meu pai, minha mãe e eu. Meu irmão nasceu quando eu tinha 11 anos e não me lembro dele participando dessas tertúlias. Quando tinha idade suficiente para sentar à mesa, nossos pais se separaram.

A solenidade ficava por conta do tom severo de meu pai ao me cobrar modos à mesa e ao me interrogar sobre os eventos do dia, exigindo que tudo fosse narrado em húngaro.

"Nem értem", não estou entendendo, dizia ele quando eu, na ansiedade de contar mais depressa, passava para o português. (Mentira: ele falava um excelente português!)

A obsessão de meu pai com meu desempenho à mesa era tanta que chegou a colocar livros sob minhas axilas para que eu

edith m. elek

aprendesse a cortar os alimentos sem "abrir as asas" e um sobre minha cabeça para que eu sentasse ereta. Suponho que eram resquícios de sua vida em Budapeste, em clima de Império Austro-Húngaro no começo do século XX.

Era um pouco chato. Lembro de minha mãe às vezes murmurando: "Deixa ela em paz". Mas sou grata a meu pai. Aprendi a comer com bons modos e a falar húngaro fluentemente. Além do mais, *he cared*, ele evidentemente se importava comigo. Em sua defesa devo dizer que, apesar da braveza, meu pai era um homem interessante, com uma conversa inteligente e instigante entrecortada por sacadas de bom humor nessas refeições que eram nosso ponto de encontro. Antes e depois, cada um "ficava na sua".

Não me perguntem o que comíamos, simplesmente não me lembro. Minha mãe não era uma dona-de-casa exemplar e jamais entendeu de cozinha. Ainda assim, havia um ritual. Sopa de entrada todos os dias, sininho chamando empregada, prato principal com vários acompanhamentos e sobremesa. Nenhum alimento marcante.

É bem verdade que havia um mingauzinho de semolina que pintava quando eu era bem pequena e estava doente, e me encanta até hoje. Era a única esporádica produção pessoal de minha mãe. Lendo-se a crônica de Anna Verônica, fica a impressão de que mingau de semolina era o prato de conforto das mães húngaras.

A família toda era minúscula. Em ocasiões festivas, a maior mesa compunha-se de seis adultos e eu, pelo menos até os 11, 12 anos: meus avós maternos, meus pais e a irmã de minha mãe com seu simpático marido italiano.

Nessas ocasiões, porém, a comida era deliciosa.

Minha avó e minha tia, ambas com visual de *ladies* que jamais ultrapassam a porta da sala, cozinhavam muito bem e sabiam orientar as empregadas, que, aliás, também eram húngaras. Pratos variados com carne e repolho, verdadeira mania nacional; frangos, legumes feitos à moda húngara, panquecas em várias versões, massas e bolinhos curiosos e diferentes e até uma sobremesa de macarrão com... repolho.

Essa avó, personagem fundamental de minha infância, também me iniciou na arte do lanche da tarde. Íamos muito ao Fasano da rua Barão de Itapetininga, o seu lugar favorito, com clima meio felliniano e uma orquestra tocando Strauss no mezanino protegido por grade *art nouveau*. Quase com certeza me lembro de um delicado misto-quente em pão de fôrma sem casca (seria pão de miga?) e do Toddy servido em bulezinho de prata.

Outro lugar que freqüentávamos era o Café Vienense, na mesma rua, logo em frente. Tomava-se um lerdo elevador com portas pantográficas e o som do violino ia se aproximando aos poucos. Esse lugar me lembra chantili, mas não me recordo acompanhando o quê.

Havia a comilança de doces da Gerbeaud, quando ainda era na rua da Consolação. Lembro de vários deles. O *krumpli* (batata), pequeno disco de pão-de-ló com chocolate meio amargo coberto de marzipã, reproduzindo uma batata. O *indiáner*, duas meias bolas de massa de *éclair* revestidas com chocolate bem escuro e chantili no meio. O *puncsos*, um *mignon* redondo de pão-de-ló embebido em rum coberto com glacê rosa. E o meu favorito, o *guesztenyés*: um purê de castanhas bem temperado com chocolate e uma bebidinha envolvido por grossa crosta de chocolate em forma de castanha com chantili na pontinha.

Para quem ficou com água na boca com essas descrições, informo que esses doces ainda podem ser encontrados na Gerbeaud... de Budapeste.

Nas comemorações importantes, meus avós nos levavam ao restaurante Hungária, que na época ficava numa casinha na rua Oscar Freire. E dá-lhe violino e comida húngara de-li-ci-o-sa regada a muito creme de leite.

Temo que meu relato também soe um pouco Império Austro-Húngaro. Memórias de infância têm essa qualidade. Mas certamente é aí que reside meu vínculo com a comida que até hoje me proporciona maior prazer e sensação de aconchego.

# receita

*Paprikás csirke* (frango com páprica; pronuncia-se pópricásh tshirqué, sempre com acento na primeira sílaba)

*ingredientes*

1 frango de mais ou menos 1,2 kg
1 cebola grande
40 g de gordura (óleo ou manteiga)
1 colher de chá de páprica doce ou picante (eu costumo pôr um pouco das duas)
sal
2 pimentões vermelhos
1 ou 2 colheres de sopa de farinha de trigo
400 g de creme de leite azedo (se não encontrá-lo, ponha o suco de 1 limão em creme de leite fresco e espere algum tempo)

*modo de preparar*

Corte o frango em pedaços. Pique bem a cebola e doure-a no óleo, mexendo sempre. Retire a panela do fogo e adicione a páprica (se colocar com a panela no fogo, ela amarga). Acrescente o frango e refogue alguns minutos em fogo forte. Diminua a chama, adicione o sal e tampe.

Tire as sementes dos pimentões, que devem ser cortados em rodelas. Guarde umas duas para enfeitar o prato. Acrescente o pimentão ao frango, tampe a panela e deixe cozinhar lentamente, mexendo de vez em quando.

Quando necessário, acrescente água quente aos poucos, até o frango ficar macio.

Misture a farinha ao creme de leite azedo, com cuidado para não formar grumos. Leve ao fogo sobre o frango por apenas 4 ou 5 minutos e sirva em seguida. Se não for servir logo, espere para colocar o creme de leite.

Esse frango é servido com uma massinha. Pode ser a *galuska* (gólushkó) ou *nockedli* (noquédli), ou com *tarhonya* (tórhonhó). Esta última pode ser comprada pronta em alguns lugares com o codinome de massinha húngara.

## galuska

### ingredientes

400 g de farinha de trigo
2 gemas
sal
água

### modo de preparar

Coloque as gemas e o sal no centro da farinha peneirada e adicione água até formar uma massa consistente, mais para dura. Bata com colher de pau até que desgrude da colher. Coloque sobre uma tábua, faça rolinhos e corte rapidamente em pedacinhos, jogando-os diretamente na água salgada e fervente. Mexa sempre para que não grudem. Quando subirem à tona, coe. Pode-se refogá-los em um pouco de manteiga na hora de servir.

## káposztás kocka (capostash cotzcó)

A tradução literal é "quadrados arrepolhados", referindo-se à forma da massa: quadradinhos de mais ou menos 2 cm x 2 cm.

Use massa de lasanha seca. Polvilhe com um pouco de farinha e corte as tiras formando quadrados. Cozinhe em água abundante.

Corte um repolho branco em tiras finas, polvilhe sal, deixe descansar por cerca de 20 minutos e depois esprema bem para tirar a sua água.

Caramelize 1 colher de açúcar em 2 colheres de óleo ou manteiga junto com uma cebola picada. Acrescente o repolho e refogue em fogo baixo, mexendo sempre até deixá-lo amarronzado. Salpique pimenta-do-reino e misture ao macarrão.

Este prato costuma ser servido como uma espécie de sobremesa e há quem o coma com açúcar.

EDITH M. ELEK nasceu em São Paulo, em 1945. Foi jornalista (*O Estado de S. Paulo*, Bloch Editores, revista *Claudia*, TV Globo), terapeuta (Centro Oncológico de Recuperação e Apoio – Cora; Grupo de Apoio Psicoterápico para Pacientes com Câncer – ReVida) e é editora há mais de dez anos (Editora Ágora e MG Editores).

# sabor de férias e transgressão
## fernando pacheco jordão

Era de manhã que o trem partia. Então, por volta das 9 horas começavam as férias. Íamos, eu, minhas irmãs, minha mãe e uma tia, para São José do Rio Pardo, rio conhecido porque em suas margens Euclides da Cunha escreveu *Os sertões*. Mas para nós, crianças, importavam eram as brincadeiras à nossa espera. A alegria começava já no trem, quando minha tia abria o cesto de vime, cheio de coisas deliciosas – os pastéis que ela tinha preparado na véspera, os croquetes de carne (acho que é por isso que até hoje prefiro pastéis e croquetes frios, amanhecidos). Imagino que, até o fim da viagem, eu devorava algumas dúzias, sob as advertências dos mais velhos de que aquilo não ia me fazer bem, porque eram fritura. Mas o fato é que nunca me incomodaram e, até hoje, como pastéis e croquetes imoderadamente (agora sem trem mas com chope, talvez porque, acima de tudo, tenham o

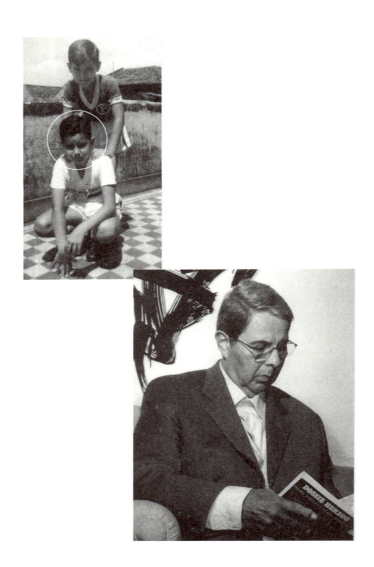

fernando pacheco jordão

# delicioso sabor de férias e transgressão). Trinta dias depois, a viagem de volta era igualmente prazerosa, então com as lembranças de futebol de rua e namoricos na praça.

## receita

Sempre me perguntam qual o segredo, o "pulo-de-gato" que tornava o pastelão inesquecivelmente delicioso. Minha mãe garante que não havia segredo. Se havia, minha tia levou com ela para alegrar as almas no além. Ingredientes especiais não reproduzíveis: perspectiva de um mês inteiro de férias, viagem de trem até a cidade, onde me esperavam futebol o dia inteiro, namoricos à noite no *footing* da praça, gostosa convivência diária com avó, tias, irmãs, o primo com quem dividia uma bola n° 5 e a molecada local para enriquecer nosso vocabulário e fazer guerra de mamonas.

Quem sabe os bons tempos eram o verdadeiro recheio dos meus pastéis.

FERNANDO PACHECO JORDÃO atua no jornalismo desde 1957, quando iniciou sua carreira na antiga Rádio Nacional, em São Paulo. Posteriormente, trabalhou como repórter, redator e editor de diversos veículos, como *O Estado de S. Paulo*, TV Excelsior, BBC de Londres, TV Globo, TV Cultura de São Paulo e revistas *IstoÉ* e *Veja*. Como consultor e assessor político, atuou nas campanhas dos governadores Mário Covas e Geraldo Alckmin. É sócio-diretor da FPJ – Fato, Pesquisa e Jornalismo.

# zio gaetano
## hamilton mellão

Acho que eu tinha 10 anos. Acho que foi quando o Brasil ganhou a copa de 70. Acho que foi quando o vizinho do lado foi preso numa noite porque era comunista. Acho que foi quando me proibiram de brincar com os filhos dele.

Estávamos almoçando na sala. Pai, mãe, cinco filhos, e eu sentindo o pior tipo de solidão, que é a solidão acompanhada e além do mais consangüínea. Lembro-me de que a campainha tocou e a empregada falou com meu pai, que subiu e demorou a voltar junto com um senhor que falava italiano, carregava na mão uma bicicleta e, na outra, uma maleta.

– Sou o Gaetaninho, filho da Assunta, de Pescara.

E deu intermináveis abraços e beijos na minha mãe numa intimidade demorada, como se há muito tempo ela não o visse. E ela nunca o havia visto mesmo, pois saíra da Itália aos 3 anos e

Mellão como orador da turma na
formatura da 8ª série, fazendo um
discurso anarquista. Foi expulso da
escola no dia seguinte.

hamilton mellão

se lembrava vagamente de ouvir falar de uma Assunta, vizinha de uma tia distante que era amante de um escriturário, e só.

As roupas dele, um pouco rotas, contrastavam com a botina espetacularmente engraxada, um espelho. Ele era magro, muito magro mesmo, baixo, e tinha um nariz portentoso, grande e pontudo. Minha irmã perguntou se ele era o Pinóquio e levou um estupendo coque na cabeça, dado pelo pai. Começou a chorar e a berrar. Se me lembro do choro, é porque antes havia silêncio, e o silêncio era uma coisa incomum na minha infância. Tinha sempre alguém chorando, pedindo, reclamando ou gritando. Essa era a trilha sonora em todos os ambientes da casa.

Nós assistíamos à *Família Trapo* na televisão e não entendíamos como as pessoas achavam tanta graça naquilo. Aquela era a nossa vida, e meu instinto dizia que, agora, teríamos mais um personagem para completar o quadro.

Instado a sentar, ele disse que estava com uma fome de leão. Fui removido do meu lugar, à direita do pai, assento do Morgado, o filho mais velho, o Júnior, o sucessor. E todos se deslocaram à mesa para que ele sentasse.

Talharim feito em casa, com cristas de galo (que nunca mais encontrei) e, na sobremesa, doce de lata, o onipresente trio da Cica, com goiabada, marmelada e pessegada acompanhado de queijo branco. Como ele comeu! Repetiu tudo três vezes, e só começou a falar quando chegou o café.

– Vim ao Brasil buscar esmeraldas e vou ficar uma semana no máximo. Posso contar com a hospitalidade da prima?

Minha mãe disse lógico, era um prazer receber um parente etc. etc. Ele ficou por seis anos e foi o melhor amigo que jamais tive.

– Sem querer abusar da prima, agora é hora da minha sesta. Foram mais de vinte dias de navio, e depois aquele Santos...

– Lógico, lógico, coloca mais uma cama no quarto do Júnior. Eu olhei atônito. Como os filhos eram em número ímpar, eu tinha conseguido, depois de muitas deliberações, que o escritório do meu pai fosse transferido para uma saleta pouco usada e tinha, recentemente, meu domínio próprio.

Ele só acordou na hora da janta. Recusou o banho oferecido e, durante o *capeletti in brodo*, falou mais:

– *Dottore*, onde pego as esmeraldas aqui por perto?

Vivíamos no Alto de Pinheiros, onde até havia ruas de terra, córregos e bois passando, mas nunca eu ouvira falar sobre esmeraldas ou qualquer coisa do gênero por ali.

– Aqui em São Paulo não tem, acredito eu. Talvez no Mato Grosso ou em outro estado – disse meu pai.

– Quanto tempo demora, indo de bicicleta? – quis ele saber.

– Uns seis meses – foi a resposta.

– É verdade que por lá tem muitos índios e serpentes?

– Sim, tem índio e cobras.

Aquela afirmação mudou a fisionomia do agora Zio Gaetano. Ele ficou quieto, mexendo por um bom tempo no prato, até que mudou de assunto.

– Gastei o último dinheiro que eu tinha num champanhe muito ruim de vocês, lá no porto, um tal de Antarctica.

Até eu percebi na hora que ele tinha tomado Guaraná Champagne Antarctica.

– O *dottore* não teria um vinho para acompanhar esse magnífico prato?

A palavra *dottore* era dita num misto de escárnio e verdadeiro respeito que só pude entender algum tempo depois.

Em seguida, meu pai trouxe uma garrafa de vinho Mateus Rosé, o bastião da classe média paulista, aberto somente em confraternizações, onomásticos, nascimentos e que tais.

– É português, esse vinho?

– Gostou?

– *Tolerabile*.

Essa foi provavelmente a primeira das inumeráveis rusgas, cizânias, desaforos e imprecações com meu pai, um prenúncio do vulcânico rompimento que relatarei mais tarde.

Subimos para o agora "nosso" quarto, eu e ele, e pude ver melhor a bicicleta, uma Atala de corrida com seis marchas e pedaleira. Usada, sim, mas que conservava ainda toda sua nobreza. Ele abriu a mala e tirou um binóculo na caixa, alguns livros, duas calças, um monte de camisetas regatas, uma bússola dessas de brinquedo, uma camisa amarela, um pijama de flanela com listras e uma caixinha com todos os apetrechos para engraxar sapatos. E só.

– Amanhã vamos, nós dois, fazer a primeira excursão. O *dottore* certamente está mal informado. No Brasil é só andar que as esmeraldas estão nas ruas, jogadas, me garantiu um amigo que voltou daqui há pouco tempo e ficou rico.

Tirou a roupa, e eu vi que ele estava sem cueca. Tampouco havia cuecas na mala. Nos pés igualmente não havia meias. Colocou o pijama, ajeitou uma meia de mulher sobre os cabelos e explicou, ante o meu espanto, que "é para arrumar o cabelo", hábito que passei a adotar naquela mesma noite apesar de ter os cabelos tão lisos quanto os dele. Antes de dormir, ele disse uma oração que não era o Pai-Nosso nem a Ave-Maria, nem nenhuma outra decorada. As palavras vinham do seu coração. Era um louvor pelo dia, um pedido de paz, consolo e esperança para nós e para outras pessoas e uma reverência ao que ele chamava de Universo. Dormimos em total sossego.

Quando ainda estava escuro, ele me chamou baixinho:

– Vamos ver a mãe Terra acordar.

Sentamos na grama do jardim e enquanto o dia nascia ele sorria e seu olhar via, olhando pra nada. Os passarinhos, borboletas e joaninhas começavam a chegar mais e mais perto. E tudo foi ficando mais e mais em paz e tudo começou a fazer sentido.

Não sei por quanto tempo ficamos ali, mas só entramos quando minha mãe nos chamou para o café da manhã. Comemos rapidamente e saímos então para a nossa primeira exploração esmeráldica. Binóculos cruzados no peito, bússola no bolso e uma caderneta para as anotações. Sentei no cano da bicicleta e saímos, os legítimos expedicionários urbanos, como ele dizia.

Parávamos em todos os terrenos baldios; ele olhava, cavocava, olhava, futucava e... nada! Quando perguntei como podia ajudar, ele disse:

– São umas pedrinhas verdes – e isso era todo o referencial que ele tinha sobre esmeraldas, geologia, gemologia, petrologia, estratografia e afins.

– Mas aquilo não é um dente de leão? Mas esta é a serralha. Aquela é uma manga, não é? Essa árvore grande não dá abacate? Olha os passarinhos comendo os coquinhos daquela palmeira...

A rigor, comíamos tudo que os pássaros comem, e devo avisar que sempre desconfiei dessa regra. Mas o fato é que achávamos muitas árvores de frutas e muito "mato verdura" saborosíssimo naquele Pinheiros. Água tinha de monte, jorrando nas minas e bicas. Na minha cabeça de menino, aquilo era o paraíso terreal.

Quando apontamos na rua de casa, por volta das sete da noite, havia todo um mistifório no portão: vizinhos, polícia, bombeiros, parentes, todos nervosíssimos com o italiano que tinha sumido junto com a criança. Ao me ver, meu genitor me presenteou com um safanão na orelha e a ordem de não sair do quarto. Dali era possível ouvir a discussão:

– Mas o senhor é louco? Quer me matar do coração?

– *Dottore*, o senhor sabe, como advogado, que o direito de ir e vir é inalienável ao ser humano.

– Mas o direito do meu filho quem faz sou eu!

Subindo a escada, o *zio* murmurou:

– *Mussolini ha sempre ragione!*

Meu pai foi para o hospital com pressão alta e eu fiquei dois dias preso no quarto com Gaetano que, em solidariedade, achou melhor cumprir o castigo junto comigo. Sem que ninguém soubesse, foram dois dias intensivos de introdução ao anarquismo. Passei de Monteiro Lobato e livros de aventuras para Proudhon, Kropotkin e Tolstoi, tudo em italiano, além de explanações sobre o pensamento de Malatesta, sem escalas.

Castigo acabado, continuamos a ver a Terra acordar e, agora, mais e mais bichos chegavam. Cachorros e gatos, os vadios e os da vizinhança, eram convidados a entrar e ficavam ali conosco. Ele ia colocando nos bichos os nomes dos que haviam feito atentados contra o Duce ou sido mortos pelos fascistas. Um tico-tico amigo nosso da primeira hora era chamado de Tito Zamboni e um casal de sabiás-laranjeira era Gino Lucetti e Violet Gibson, uma inglesa que acertou um tiro na ponta do nariz do homem e o fez andar de esparadrapo por meses.

Saíamos para fazer nossas visitas expedicionárias agora com horário marcado; às 11h30 deveríamos estar de volta. Esse compromisso rendeu o meu primeiro relógio. Depois do almoço, cuidávamos do "nosso" jardim com um zelo tão grande que tudo desabrochava, chamando a atenção dos vizinhos – que logo pediram que cuidássemos dos jardins deles também. Nunca cobramos nada. *Zio* Gaetano só dizia que era obrigação de todos os homens cultivar o belo.

Para meus irmãos e eu a visita trouxera também uma alforria muito especial: como o *zio* só tomava banhos aos sábados, esse hábito foi rapidamente incorporado por nós, assim como o de não usar cuecas ou meias.

Acho que se passaram umas três semanas até que meu pai perguntou quando ele pretendia ir embora, e ele respondeu que ainda não tinha a data certa, mas certamente seria em breve. No fundo ninguém queria, de verdade, que ele se fosse. Aquele anarquista místico e pacifista fazia o contraponto com a classe média ascendente do período militar. Penso que os adultos viam, nos questionamentos dele, tudo que esqueceram de perguntar a si próprios. Além disso, ele tinha delicadezas para com todos, desde engraxar os sapatos da família (que eram colocados à noite na porta dos quartos) e traduzir com muita dificuldade os livros de Direito Romano para meu pai usar com seus alunos na faculdade, até fazer esplêndidos arranjos de flores que espalhava pela casa toda. Mas, com certeza, o que mais cativou a família foi o fato de ele resolver assumir a feitura do jantar.

Ossobuco com risoto, polenta com *stracotto, pappaderlle* com ragu de pato, galeto recheado com fígado e sálvia, um minestrone com todas as verduras, os pratos revelando uma cozinha rústica, autêntica e pobre no sentido mais rico da palavra, receitas aprendidas durante os tantos anos em que ele fundara e fora tipógrafo e ilustrador de jornais anarquistas por toda a Bota. As refeições aumentaram muito em duração, assim como a nossa barriga, e todas as noites ele monopolizava nossa atenção contando passagens engraçadas da sua agitada vida, que, agora, eram acompanhadas por pungentes vinhos italianos.

As aulas iam recomeçar em breve e Gaetano não parava de insistir com meu pai sobre os malefícios que uma educação formal teria sobre a minha formação, afirmando que eu seria mais um capitalista cropófago e que ele se sentia habilitado a continuar com a formação do *bambino*. Com tanta insistência, ele conseguiu tirar meu pai realmente do sério. Conclusão: voltei para a escola e foi deliberado que ele seria o caseiro do sítio que o *dottore* acabava de comprar perto de São Paulo.

No primeiro fim de semana em que fomos visitá-lo, ele nos esperava mais feliz que nunca. Com sua indefectível camiseta regata, calça cortada à guisa de bermuda, espessa barba e um cajado na mão, ele parecia uma mistura de iogue italiano com náufrago.

Achou um parreiral que reconstituiu, começou uma horta, limpou e deu ordem em todo o jardim, pintou a casa com extremo capricho. E fez um leitão recheado com pão, leite e alecrim assado no forno a lenha que até agora está na minha memória gustativa.

Ali ele estava totalmente no seu hábitat, falante como nunca, discorrendo sobre os planos que tinha. Nós sabíamos que realmente ele ia fazer daquele lugar um espetáculo.

A cada fim de semana tínhamos surpresas. Ele ia colecionando mais e mais animais, vacas, galinhas, patos, coelhos, e da sua horta começavam a sair os primeiros produtos, todos exponenciais. E quanta, quanta flor. Vocês podem imaginar as comidas que nos esperavam. O extrato de tomate agora era feito lá, numa panela de um metro em que a polpa ia se reduzindo na lenha com todo o vagar até atingir sua concentração máxima.

Um dia, ao chegarmos, fomos apresentados a Edeuzuíta (a mãe quis homenagear a personagem da radionovela que se chamava Ethel Swift, e deu no que deu). Vizinha de sítio e viúva, eles estavam realmente apaixonados e já amasiados. Queijos de cabra e de vaca, manteiga, geléias e conservas saíam aos montes. Tínhamos de levar comida até no bagageiro, e aquele lugar ficava cada vez mais mágico e lindo. O que mudou é que agora quem cozinhava era ela. Ele fez todo um receituário pormenorizado com muitas ilustrações, e algumas receitas eram descritas em forma de poesia. O amor estava mais do que nunca em tudo.

Volta e meia alguns objetos desapareciam da sede. Uns voltavam, outros não. O toca-discos, por exemplo, foi emprestado ao amigo que queria ser cantor. Emprestou certa vez o fogão a gás da cozinha a uma senhora que precisava de dinheiro e o rifou. Diante de tantos "benefícios", tudo era relegado e compreendido. Essas pequenas expropriações, como ele dizia, não eram levadas tão a sério. Correram-se os anos.

Nas nossas conversas eu sempre aprendia muito e era patente que ele era possuidor de uma cultura bulímica, da qual nunca fazia uso, e sempre procurava se expressar da maneira

68 • céu da boca

mais clara. Quando lhe perguntei sobre isso, me disse que "a cultura, ao contrário do que as pessoas pensam, é uma armadilha. Você entra dentro de uma gaiola e não sai mais. Você fica discutindo com as mesmas pessoas que estão presas lá também, na gaiola da presunção. Só uso quando preciso mostrar a alguém da gaiola que seu pensamento não é o único, mas, pra mim, sapiência não é isso. Sábio é aquele que reconhece o jogo que a vida mostra, que a simplicidade contém a complexidade e a complexidade é simples".

Em casa, começamos a receber telefonemas estranhos de vizinhos do sítio reclamando que seus caseiros não queriam mais ser empregados. Outros relatavam pedidos de greve. E havia aqueles que se queixavam que os empregados não queriam mais votar e não reconheciam mais o patrão como tal. Em comum, todos mencionavam o italiano de bicicleta e as reuniões diárias que ele fazia em nosso sítio.

Alarmado, meu pai saiu do escritório e foi me pegar em casa para irmos ver o Gaetano. Quando questionado, ele disse que estava implantando uma colônia anarquista lá que já tinha até nome, Oreste Ristore, e que nós seríamos sempre bem recebidos ali. Quando meu pai ameaçou expulsá-lo da propriedade, ele disse que jamais sairia porque meu pai era um ladrão, já que toda propriedade é um roubo. Com esse clima, Edeuzuíta ficou tão assustada que voltou para sua casa e, à custa de muita conversa, resolveu-se que era hora do *zio* voltar para a Itália. Para certificar-se de que realmente ele ia ficar lá, fui encarregado de acompanhá-lo.

No avião, ele não disse nada. Acho que aquela era somente mais uma batalha utópica que ele havia perdido na vida. Na chegada, ao nos despedirmos, ele me abraçou fortemente e me beijou. Sabíamos que nunca mais nos veríamos. Me deu a mão e disse:

– Em todas as formas de expressão humana que vocês chamam trabalho, é preciso colocar amor e procurar fazer melhor o que você já fez de outra vez. Aí não existe mais trabalho ou diversão porque os dois se transformam na mesma coisa: arte. *Addio, bambino.*

Aprendi muito lavando panelas na Itália. Sou cozinheiro há 25 anos e já fiz milhares de pratos. Se em todos não consegui colocar a arte do *zio* Gaetano, foi por ter fechado meu coração para o amor algumas vezes, tornando mecânica a minha tarefa.

De volta ao Brasil, pedi à Edeuzuíta o caderno de receitas. Ele me ajudou muito na vida. Abaixo vai uma das poesias/receitas dele.

er. minestrone

*Co'sellero, carota, pomidoro*
*Ajo, cipolla, cucuzzetta, bieta*
*Latuga, indivia, ortica di pineta*
*Cavolo, fava, cavolfiore, alloro,*

*basilico, piselli, poro,*
*e l'odori dall'A fino alla Zeta,*
*vie' fora un piatto da nottata quieta:*
*co' un sonno lungo e tanti sogni d'oro*

*Bollite a crudo, a focarello lento,*
*cosi che i tesori de la terra*
*profummeranno tutto er casamento*

*e a 'st'epoca de puzze e de veleni*
*quanno versate dentro la zuppiera*
*v'apparirano mille arcobaleni*

o minestrone

Com salsão, cenoura, tomate,
alho, cebola, abobrinha, acelga,

alface, endívia, urtiga de bosque de pinheiros,
couve, fava, couve-flor, louro,

manjericão, ervilhas, alho-poró
e os odores do A até o Z,
constrói um prato que acalma
como um longo sono e tantos sonhos dourados

Fervidos em cru em fogo bem baixo,
De forma que os tesouros da terra
Perfumem todo o casamento

E nessa época malcheirosa e de venenos
Quando for despejada dentro da sopeira
Lhe aparecerão mil arco-íris


HAMILTON CAETANO DE MELLO JR., o Mellão, é paulistano. Nascido em 1959, formou-se em Hotelaria e Gastronomia e é autor de livros, tradutor e professor em escolas e faculdades de gastronomia. Dá consultoria a diversos estabelecimentos e participa de festivais dentro e fora do país. É articulista de inúmeras revistas, tendo passado pelos jornais *Folha de S.Paulo* e *O Estado de S. Paulo*. Foi editor da extinta revista *Gourmet* e um dos fundadores da revista *Caros Amigos*. Pioneiro como apresentador de programas culinários na televisão, suas premiadas *rosticceria* e pizzaria I Vitelloni fizeram história na gastronomia de São Paulo e deram origem ao restaurante Mellão Cucina d'Autore. É *restaurateur* desde 1981. Continua acreditando na sacralidade do ser humano e na irrealidade do cotidiano.

# o cheiro do almoço de domingo
ignácio de loyola brandão

*Para Rita Mazzoni e Mônica*

O almoço de domingo começava no sábado quando, terminando de picar a lenha, meu pai chamava para irmos à serraria do Negrini buscar serragem. Era obrigação de todo homem picar a lenha, a madeira vinha do mato e era entregue bruta, então os homens cortavam em pedaços que coubessem no fogão. Não existia gás – levaria trinta anos para chegar à cidade – e fogão elétrico só os ricos possuíam. Indo à serraria, sabíamos que haveria Cotuba para nós, Malzbier para minha mãe e cerveja para meu pai. A Cotuba era um refrigerante araraquarense, daqueles que no interior são chamados maçãzinhas ou tubaínas. Era produzido numa fábrica perto de casa e o melhor da fábrica era a filha do dono, de estranho nome, Berizal, e a mulher mais gostosa da cidade.

ignácio de loyola brandão

## o cheiro do almoço de domingo • 73

conseguida a serragem, nós nos dirigíamos aos Laticínios dos Nogueira, que ficavam em frente à estação, para reservar a barra de gelo. Se não reservasse, não se conseguia; eles vendiam poucas barras, usavam mais para gelar o leite distribuído todas as manhãs pela carrocinha. Uma vez reservada, era necessário buscá-la na manhã de domingo bem cedo. Acabada a missa das seis e meia na Matriz, os sinos tocavam, meu pai apanhava um carrinho de mão e voávamos atrás do gelo. A sala do gelo no Laticínio era fria demais e a gente brincava dizendo que era casa de esquimó. Tínhamos estudado sobre os esquimós e não entendíamos como podiam viver em casas de gelo. Afinal, Araraquara era uma cidade quente, quentíssima, a gente suava o dia inteiro.

Ao chegar em casa, meu pai picava o gelo com a marreta, colocava num tacho de cobre, o mesmo que, nos dias em que na vizinhança se matava porco, servia para fazer a banha, tudo era coletivo, uns ajudavam os outros, cada um levava uma parte. Picado o gelo, espalhava-se serragem e sal por cima para conservar e estava pronta a geladeira. Nos anos 40, somente os muitos ricos tinham geladeira na cidade; mas precisava ser rico mesmo. Imagine um ferroviário, quase operário! Gelar coisas para o domingo ou para uma festa era na base de tacho e serragem.

O almoço era ao meio-dia e meia em ponto. Brigávamos com meu pai. Por que meio-dia e meia e não meio-dia e meio? Ele explicava que o meia se referia à hora e nós insistíamos que se referia ao dia. No domingo tinha toalha especial bordada, enquanto nos outros dias era a toalha de chita mesmo das Casas Pernambucanas. Havia ainda a certeza de que seria diferente dos outros dias, quando o sentar-se à mesa era uma espera angustiante, momento em que meu pai, instigado pela minha mãe, resolvia as pendências punitivas. Tudo que fazíamos de errado era complementado pela frase de minha mãe: "Na hora do jantar o seu pai resolve". Ou: "Na hora do almoço o seu pai dá conta do teu recado". Antes de comer tínhamos um bolo na barriga.

Viria uma cintada, uma advertência, não sair para brincar na rua à noite ou a proibição de ir à matinê de domingo?

O chato do domingo era sermos obrigados a comer salada. Folhas eram para os coelhos ou as cabras. Minha mãe achava chique a salada, preparava uma bem bonita. Alface da horta, tomate da horta, couve da horta picada bem fininha (ela tinha habilidade com aquela faca afiada, cortava a couve como uma linha), limão, salsinha e cheiro verde, tudo do quintal. Um dia, ganhamos na rifa da quermesse uma lata de palmito, meus pais adoraram, achei meio sem graça e sem cor. O melhor do domingo era que sumia o arroz com feijão de todos os dias. Vinha o macarrão com molho de carne e o molho de minha mãe era de carne moída ou picada. Ela mesma buscava a carne no açougue do Gullo e insistia: "Carne moída, mas de primeira. Nada de me dar pescoço ou colchão duro". É que quem comia carne moída era pobre e pescoço era a coisa mais barata, dura e ruim que tinha. O molho de minha mãe começava também no sábado, para apurar, dizia. Para nós, apurar era querer saber alguma coisa, mas víamos que apurar o molho era coisa boa, ficava um sabor e um cheiro que nunca mais vi repetido em minha vida.

O macarrão era o talharine ou o espaguete feito em casa com farinha e ovos de galinha do quintal. Existia uma fábrica de macarrão, a do Carmona, na Rua 8, mas comprar significava gastar. Não tínhamos idéia de que o macarrão caseiro era melhor e mais gostoso, tínhamos inveja de quem comprava no Carmona. Para ajudar no macarrão que começava a ser feito de manhã, depois da missa das 6 horas no Carmo (nossa vida era regida pelos horários da igreja), vinha a Rita, uma vizinha meio parente, muito loira e bonita; meu pai dizia que ela parecia a Rita Hayworth. Faziam a massa, estendiam, passavam o rolo, cortavam com a faca afiada da couve, penduravam num varal, deixavam um tempo ao sol, outro tempo na sombra das três laranjeiras. Quando a laranjeira estava em flor, minha mãe dizia que o macarrão ficava o cheiro do almoço de domingo • 75

melhor, ganhava o cheiro das flores. Eram incríveis as mãos de minha mãe.

Salada, macarrão e carne que podia ser bife acebolado, a cebola dourada e cheirosa, só o cheiro dava fome. Ou bife à milanesa, feito com farinha de pão torrado. Este era o mais chique de todos. Ou carne picadinha e refogada com uns temperos que tinham sido ensinados pela dona Encarnação, mulher do Negrini da serraria. Podia ter outro prato, um ovo mexido muito sequinho com queijo fresco. O ovo das galinhas do quintal, gema muito amarela. O queijo era vendido pelo Luis Mauro, que criava vacas umas quadras abaixo de casa. Todo mundo tinha criação, não existia essa história de saúde pública, todo mundo era pobre, precisava se virar. Pobre mas decente, dizia minha mãe no almoço de domingo.

O que me lembro até hoje era o cheiro da mesa, coisa que abria o apetite, ainda mais que minha mãe ficava vigiando para ninguém comer bobagem como bolacha de maisena ou goiabadinhas. O cheiro ocupava toda a sala, rodeava a gente e ficávamos esperando a hora de abrir a Cotuba, outra coisa perfumada. Um cheiro muito doce, mas adorávamos. Meu pai servia primeiro a Malzbier de minha mãe, a cerveja dele e então nossos copos. Isso acontecia no meio do almoço, senão a meninada virava a Cotuba e enchia o estômago e não comia nada.

Come devagar, menino. Mastiga direito, não engole comida inteira. Olha o jeito de segurar o garfo. Uma garfada, um gole de bebida, vê se aprende. Comam de boca fechada, não são porcos. O almoço era uma advertência permanente, lições de boas maneiras. O mais importante era comer lentamente, não se apressar, comer era como ir à missa, uma cerimônia, podíamos ficar o domingo inteiro na mesa. Que nada, ficávamos de olho no relógio, a matinê começava às duas da tarde. "Vesperal às 14 horas", dizia o carro que passava pela rua anunciando.

Hora da sobremesa. Sempre uma surpresa, minha mãe fazia escondido, acho que na casa da Benta, mãe da Rita, vizinha. A

Benta era cozinheira de mão cheia. Ou doce de leite, ou de goiaba, ou ovos na nata (o que eu odiava), às vezes um rocambole com pão-de-ló divino. De vez em quando, pavê com bolacha champanhe e leite condensado. Coisa cara – e rara, portanto. Não existia nada mais delicioso que bolacha champanhe. Quando, por qualquer razão, minha mãe não tinha tido tempo de fazer sobremesa, meu pai aparecia com uma lata de Quatro em Um, da Cica. Que esplendor. Uma lata que tinha, ao mesmo tempo, goiabada, marmelada, bananada e figada. Aí sabíamos que ele tinha pago a conta do armazém. Dia de pagamento, o dono somava a caderneta, as pessoas pagavam e recebiam um mimo, como se dizia. Um brinde, recompensa por ter pago. O almoço estava terminado, mas ainda não podíamos sair e a matinê ia começar. Minha mãe passava o café, era assim que se dizia, passar. Coador de pano, curtido. Somente ela e meu pai tomavam, criança não devia tomar café, não era bom para os nervos. Só que se deixava a mesa apenas depois de eles terem tomado o café. Ah, como tomavam devagar, conversando e rindo, acho que fazendo de propósito. "Pronto, acabou, podem ir." Meu pai acendia o cigarro Fulgor, fortíssimo, diziam todos, ela ia para a cozinha lavar tudo. Era o único dia em que não pedia para ajudarmos, sabia que precisávamos ver a continuação do seriado. Mas acho que, fumado o cigarro, meu pai dava uma mãozinha.

* Rita Mazzoni é a mesma Rita que aparece no texto.

IGNÁCIO DE LOYOLA BRANDÃO, 70 anos, nasceu em Araraquara, é escritor e jornalista, tem 28 livros publicados, romances, contos, viagens e infanto-juvenis. Entre seus livros mais conhecidos estão *Zero*, *Não verás país nenhum*, *O beijo não vem da boca*, *Cadeiras proibidas*, *O verde violentou o muro* e *O anônimo célebre*. O mais recente é *O segredo da nuvem*.

# gosto de aventura, aroma de liberdade

istván wessel

Está muito quente. A temperatura no verão da Hungria, um dos mais frios países da Europa Central, pode chegar a 34 graus, sendo que manter as janelas abertas era o máximo que se podia fazer para "combater" o calor tropical. Gelo seria um luxo reservado a poucos privilegiados que obviamente não éramos nós. Estávamos em pleno verão na cidade de Mátyásföld a longínquos 34 quilômetros de Budapeste. Eu sempre passava as férias no "interior", na casa dos Szmuk. Os dois filhos deles tinham idade semelhante à minha. Eu estava com 6 anos no verão de 1953. Em conseqüência de longas lavagens cerebrais na escola e entre os escoteiros, admirava nosso "pai" Josef Stalin, todo-poderoso ditador da extinta União Soviética. Poucos meses depois desse dia de verão, infligi a meu pai uma das maiores decepções de sua vida. Vi-me ajoelhado diante do rádio da sala, não conseguindo

istván wessel

gosto de aventura, aroma de liberdade • 79

conter as lágrimas ao ouvir o anúncio da morte do tirano. Estávamos em plena Guerra Fria. Com toda a tensão da época mais profunda do período stalinista, as "portinholas" (*kiskapu* em húngaro – equivale ao "jeitinho brasileiro") continuavam sendo abertas e, quando possível, usadas.

O futebol era o grande esporte. Afinal, a Hungria preparava-se para ser campeã da Copa de 1954. A seleção de Puskás estava decidida a demolir qualquer adversário – incluindo o Brasil, que lamentavelmente perdeu de lavada. Quatro a dois, com gols de Djalma Santos e Julinho para o Brasil. Por conta dos preparativos da Copa de 1954 na Suíça, muitos amistosos estavam programados. Neste sábado seria Hungria contra Áustria, o grande jogo. O dr. Szmuk, pai dos meninos, inscreveu-se para assistir ao jogo. Embora pouco mais de 250 quilômetros separem Budapeste de Viena, muitas dificuldades teriam de ser transpostas. Naquela época, sair dos países da cortina de ferro era impossível, e quando havia uma "portinhola" aberta todos queriam aproveitar. Claro que o jogo de futebol haveria de ser uma dessas escapadas liberadas a apenas um membro por família, para que não se corresse o risco de uma desejada fuga. A maior parte dos "torcedores" que se preparava para ir a Viena queria, antes de tudo, respirar um pouco de *ares livres*, quando na Hungria nem rádio de ondas curtas se podia ter. Escutar a Voz da América era crime e meu pai, por pura precaução, vendeu a grande alegria de minha mãe – um maravilhoso rádio Philips com um lindo olho de gato no centro do *dial*. Vendeu, pois não queria correr o risco de ser denunciado por algum vizinho oportunista. A delação podia custar muito caro, e esse preço, a despeito dos protestos de minha mãe, ele não queria pagar. Portanto, se escutar a emissora de rádio de Viena era mais que proibido, imagine o que representava poder ir a Viena para ver um jogo de futebol.

O resultado do jogo me foge à memória, mas me lembro vivamente de nossa torcida para ver se algum presente chegaria para os meninos depois da grande viagem do dr. Szmuk. Naquela noite muito quente o tempo demorava ainda mais a passar. Na chegada, por volta das nove, nove e meia, ele anunciou: presentes inesquecíveis chegariam dentro de uns poucos minutos. Ele abriu sua sacola e de lá tirou dois objetos nunca antes vistos por nós, meninos húngaros que jamais haviam tido contato com qualquer coisa que tivesse chegado do Ocidente. Os objetos, um redondo de cor esverdeada e outro longo, com uma leve curvatura e de cor amarela, deixaram uma pergunta no ar. A primeira certeza depois do jogo de adivinhação é que eram duas frutas exóticas. Depois de descascá-las com todo cuidado, começamos a separar a redonda em gomos, que para nossa sorte eram em múltiplo de três. Para ser exato, doze gomos tinha a mexerica de aroma adocicado puxando para o ácido. A banana era diferente de tudo. Aroma inesquecível com textura única. Foi uma grande refeição. Duas iguarias numa só noite. Um terço de banana mais quatro gomos de mexerica. Tudo com gosto de aventura e aroma de liberdade.

ISTVÁN WESSEL representa a quarta geração de uma família de famosos açougueiros da Hungria. Foi responsável pela criação de uma importante marca de carnes. Partindo de São Paulo, essa marca levou adiante o sobrenome que significa qualidade em carnes em todo o Brasil. Colabora com jornais, rádios e revistas escrevendo e falando sobre gastronomia desde 1992. Tem sete livros publicados sobre carnes e cozinha húngara.

# do forno pro computador, do computador pro forno

ivana arruda leite

Minha amada e inesquecível Elis Regina gostava de cozinhar e cozinhava muito bem. Certa vez, ao ser elogiada por um prato que fizera, respondeu: "Você precisa me ver cantando!" Eu vivo repetindo essa frase, com a devida adaptação e sem falsa modéstia. "Você precisa ler o que eu escrevo!" Adoraria conquistar o mundo pelo estômago. Gosto mais de cozinhar do que de escrever, e essa paixão vem desde pequena. Conta minha mãe que, à noite, em vez de histórias infantis, eu pedia que ela me dissesse como se faz feijão. E arroz? E batata frita? Se eu fosse começar a vida agora, faria da cozinha meu ganha-pão. Infelizmente a profissão virou moda tarde demais.

Passei a infância entre Lins e Araçatuba, noroeste do estado de São Paulo. Numa cidade morava a avó materna, na outra a paterna. Elas disputavam pra ver quem cozinhava melhor. O

ivana arruda leite

lombo da vó Odila era inigualável, os doces da vó Iracema eram os mais famosos da cidade. O café na casa da vó Odila vinha com requeijão cremoso, na casa da vó Iracema com rosca de trança e bananinha de polvilho. Minha mãe conseguiu superar a sogra e a própria mãe e tornou-se a maior cozinheira viva da família. Eu me preparo para sucedê-la no trono com dedicação fervorosa.

Talvez por essa tradição caipira minha especialidade sejam os pratos rústicos, as comidas de panelão: feijoada, *puchero*, canjiquinha mineira, cozido, bobó de camarão, xinxim de galinha, moqueca, rabada com agrião, frango com polenta. Mas também me saio bem nos risotos e *papillotes* afrescalhados. Só não me peçam para fazer doces. Não gosto nem de fazê-los nem de comê-los. Troco dez trufas de chocolate por uma empadinha de boteco, na boa.

Não sou daquelas pessoas que se dizem cozinheiras, mas só gostam de fazer pratos especiais. Acordo pensando no arroz com feijão que, diariamente, me deliciam e surpreendem. Também não faço questão do número de comensais. Sou capaz de fazer um cardápio completo, com entrada, prato quente, acompanhamento e sobremesa só pra mim!

Confiante nos meus dotes culinários, sempre que posso, incluo nos meus contos receitas de pratos que fiz ou inventei ter feito. Mexo as panelas do fogão e da literatura com a mesma colher. Acredito que leitor também se conquista pelo estômago. Por isso, deixo aqui duas receitas, uma inédita e outra já publicada, esperando agradar-lhes o paladar. Bom apetite.

## receita para comer o homem amado

Pegue o homem que a maltrata, estenda-o sobre a tábua de bife e comece a sová-lo pelas costas. Depois, pique bem picadinho e jogue na gordura quente. Acrescente os olhos e a cebola. Mexa devagar até tudo ficar dourado. A língua, cortada em minúsculos pedaços, deve ser colocada em seguida, assim como as mãos, os pés e o cheiro-verde. Quando o refogado exalar o odor dos que ardem no inferno, jogue água fervente até amolecer o coração. Empane o pinto no ovo e na farinha de rosca e sirva como aperitivo. Devore tudo com talher de prata, limpe a boca com guardanapo de linho e arrote com vontade, pra que isso não se repita nunca mais.

(Conto publicado no livro *Falo de mulher*, Ateliê, 2002)

## receita amorosa para sexta-feira da paixão

Pouco antes do início da primavera, encontre uma pessoa maravilhosa e viva com ela momentos inesquecíveis. Deixe a paixão descansar por uns meses. Ao final da quaresma, convide os amigos para almoçar. Compre um quilo do melhor bacalhau e deixe de molho por 24 horas, trocando a água sempre que disso se lembrar. Na Sexta-feira Santa, acorde cedo. Lave os legumes comprados na véspera: pimentão verde e vermelho, brócolis, cenoura, couve e batata. Corte os pimentões em tiras, as cenouras em rodelas, limpe os brócolis, rasgue a couve em pedaços, corte as batatas em rodelas grossas. Só então coloque o bacalhau na panela. Cubra com água limpa e deixe ferver até que fique macio. Macio mas firme. Ponha-o sobre a tábua e o desfaça em lascas. Não jogue fora a água da fervura. Se o telefone tocar, deixe que a secretária eletrônica atenda. No fundo de uma panela de ferro, ajeite a metade das batatas, das cenouras, a couve e um pouco do bacalhau. Sobreponha o restante dos legumes e, por cima, o bacalhau. Terminada a montagem, cubra com a água da fervura e leve ao fogo. Os amigos devem estar chegando. Regue generosamente com azeite e acrescente ovos cozidos e azeitonas pretas. Arroz branco bem soltinho e vinho tinto para acompanhar. Depois do almoço, sirva o café, tome um licor e vá descansar. Os amigos já se foram. De passagem pela sala, ligue a secretária eletrônica e ouça o recado da pessoa que você conheceu no começo da primavera e ressuscitou na Páscoa do Senhor. Esqueça o cansaço e vá correndo ao seu encontro. Depois da abstinência da quaresma, chegou o tempo da alegria. Amanhã, morta de fome, você sentirá saudade do bacalhau, mas já é sábado. Aleluia!

IVANA ARRUDA LEITE nasceu em 1951, em Araçatuba. É mestre em Sociologia pela Universidade de São Paulo. Publicou os livros de contos *Falo de mulher* (Ateliê) e *Ao homem que não me quis* (Agir); a novela *Eu te darei o céu* (Editora 34) e o infanto-juvenil *Confidencial – Anotações secretas de uma adolescente* (Editora 34). Participou de inúmeras antologias, entre as quais: *Geração 90: os transgressores*; *Contos de escritoras brasileiras*; *Os cem menores contos brasileiros do século*; *25 mulheres que estão fazendo a nova literatura brasileira*. Em 2005, seu livro *Falo de mulher* foi traduzido para o catalão. Tem o blog www.doidivana.zip.net.

# provações
### maddalena stasi

Na minha família, comer de tudo é quase uma obrigação. Dizer que você não gosta de um prato sem sequer prová-lo é considerado falta grave, em qualquer idade, mas, em nome dessa experimentação, muita coisa estranha aconteceu.

Quando eu tinha 8 anos, meu tio Caloca (sempre ele) me levou pela primeira vez a um restaurante japonês, que naquela época só existiam na Liberdade. Fiquei fascinada com as salinhas de tatame e todo aquele ritual de tirar os sapatos e sentar no chão. Fazer o pedido era uma epopéia: as garçonetes não falavam português, mas sorriam e fingiam que entendiam tudo. Depois de muita mímica e risinhos, me vi frente a frente com o meu primeiro *sushi*. Fiquei apavorada, não sabia manejar direito aqueles palitinhos infernais e tinha medo do sabor daquela coisa rosa e crua à minha frente. Respirei fundo e, para espanto de meu tio,

maddalena stasi

# provações • 89

**espetei** o *sushi* com meus desajeitados palitos, afoguei-o no *shoyu* e engoli num só bocado, quase sem mastigar. Depois de tomar um copo bem cheio de guaraná para rebater, disse que até que tinha gostado daquilo e ataquei o *yakissoba* aliviada.

Nem sempre, porém, tudo acabava tão bem. Lembro de um jantar muito elegante que minha tia preparou para a família na chácara. Cardápio: talharim ao molho de chocolate, uma receita mexicana que ela garantia ser absolutamente deliciosa. Lancei olhares de súplica à minha mãe, que não se comoveu, e percebi que não poderia escapar daquela. Sentamos à mesa famintos e, cheios de coragem, demos a primeira garfada. Seguiram-se murmúrios chochos de "que interessante" e "até que não é tão estranho assim". Na segunda garfada, porém, aquela coisa enjoada simplesmente não descia e eu e meus irmãos tivemos um ataque de riso. Minha mãe foi rapidamente à cozinha e preparou um espaguete ao sugo que me pareceu a comida mais deliciosa da face da Terra. Minha tia comeu todo o seu prato de talharim ao chocolate enquanto nos lançava olhares superiores de desdém.

Uma única vez me recusei a comer um prato sem prová-lo e ele não tinha nada de exótico ou diferente: eu simplesmente me envolvi com o ingrediente principal. Minha tia Beta, que é uma baiana das boas, resolveu preparar um peru como nos velhos tempos na fazenda da família. A primeira providência, é claro, foi embebedar o bicho para amaciar a carne, como ela nos explicou. O peru, já de porre, fugiu para dentro de casa perseguido pela minha tia – que, assim que o alcançou, sentou-se calmamente no belo *recamier* de veludo vinho e, sem aviso, quebrou seu pescoço diante da platéia estarrecida de sobrinhos, que, mudos e de olhos arregalados, assistiam à cena. A coisa continuou na cozinha, onde o corpo do infeliz, já separado da cabeça, continuava, para meu espanto, a se mexer. Desisti de acompanhar a receita e horas depois, quando o almoço foi servido, me recusei a comer o peru sob a seriíssima alegação de que só comia bicho anônimo.

90 • céu da boca

**MADDALENA STASI** nasceu numa família de apreciadores da boa mesa. Filha de pai italiano e mãe baiana, sobrinha de escritores e profissionais da área gastronômica, conviveu desde cedo com diversas vertentes culinárias. Apesar de ter se formado em Psicologia, Maddalena não negou a vocação familiar, trabalhando por seis anos num estúdio especializado em edições de gastronomia. Há catorze anos criou, com Flavia Mariotto, a Mercearia do Conde e, mais recentemente, o Condessa, dois restaurantes de cozinha contemporânea feita com inventividade.

# dois jantares
maria rita kehl e antonio kehl

Eu gostava de sopa. Coisa esquisita numa criança. Gostava até da detestada sopa de aveia que o meu pai, ou melhor, o nosso, considerava altamente alimentícia. Sopa, só no jantar. O pai também: só no jantar. Na cabeceira, bem do lado do relógio do bisavô, que dava ao jantar de família uma solenidade falsa. Na verdade, era quase uma bagunça, com quatro filhos disputando a atenção de um pai exasperado, e uma mãe apaixonada demais pelas crianças, bem pouco interessada em nos disciplinar. Ele na cabeceira, mamãe à direita e eu à esquerda. Onde estavam vocês, meus três irmãos?

Ah... Você está brincando...

Juro que não me lembro. Parece que a outra cabeceira era do Duto. O Zé a meu lado?

Sim, claro, o Zé ao seu lado, o Duto na outra cabeceira, em clara oposição ao pai, e eu na diagonal oposta à sua.

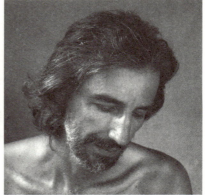

maria rita kehl e antonio kehl

## Você à direita de mamãe?

Isso, à direita de mamãe. Mas eu, normalmente, odiava sopa. Não entendo como você tem dúvidas sobre os lugares na mesa. Só na Morato Coelho foram uns dez anos sentando-nos nas mesmas posições. Só posso imaginar que você estava tão entretida com papai que não sabe dizer as cores das argolas dos guardanapos.

Não, nenhuma dúvida sobre as argolas: como esquecer as nossas cores, que se repetiam nas toalhas de banho, nas escovas de dentes, nos copos de plástico e até nos suéteres que vovó tricotava?

Ela tricotava, sim, mas sempre cometia algum erro na contagem dos pontos e, invariavelmente, os suéteres saíam largos e curtos.

É mesmo? Isso mostra como eu não tinha vaidade nenhuma na infância. Não me lembrava dos defeitos dos tricôs de vovó Sara. Mas das cores, sim: vermelho pra mim, verde pro Duto, azul para o Zé e amarelo pra você – será que é porque sempre foi o loiro da família? Mas pra falar a verdade, não me lembro das argolas dos guardanapos *deles*. Eram de prata?

Isso. Duas argolonas diferentes. O engraçado é que a de mamãe era mais pomposa. Sempre me intriguei com isso: como podia a argola de mamãe ser mais nobre que a de papai? Afinal, ele era quem mandava. Ele era o rei que decidia até se podia ou não ter alho na comida. E não podia!

Mas ela transgredia, às vezes. Ou então ele alucinava a presença de alho e cebola, quando estava propenso a reclamar com ela. Mas minha memória selecionou os jantares em que ele brigava comigo. Eu ficava tão concentrada em conversar com papai que vocês, irmãos menores, eram meros figurantes. Até mamãe era figurante; a cena era minha. Ou eu gostava de pensar que fosse.

Meros figurantes é como nós nos sentíamos. Exceto o Duto, que participava ativamente dos embates com papai. Eu e o Zé, um em frente ao outro, nos entreolhávamos um tanto intrigados com as intermináveis discussões.

Vou começar meu jantar pela sopa de aveia. Grossa como um mingau, de sabor indefinido (era feita no caldo de carne?), um tantinho repulsiva, pois quando cozinhava demais tendia a ficar gosmenta. Até disso eu gostava, ou gostava de ser capaz de gostar da tal sopa gosmenta. Não comíamos pão com a sopa, como na casa de vovó Sara – pão fresco comprado à tardinha, uma delícia que me lembra os jantares de Campinas.

Comparar com a casa de vovó é covardia: a gente comia luminárias depois do almoço. Além disso, mamãe nunca foi da cozinha. Uma pessoa que gosta de equações não pode cozinhar bem. Vovó Sara, por sua vez, era o monstro sagrado da culinária. Você lembra daquele fogão de lenha, de ferro fundido, com aquela barra de metal onde ela pendurava os panos de prato para secar?

Sabe que eu me esqueci desse fogão? Só vim a me lembrar agora, com esforço, porque você mencionou. Ficava à esquerda da porta que dava para a lavanderia? O que eu me lembro bem era do cheiro bom da cozinha de Campinas, e do pequeno detalhe dos pedacinhos de pimentão que deixavam o arroz um pouco rosado, delicioso. Mas, voltando à Morato Coelho, lembra como era bom jantar à luz do dia, no horário de verão, com aquelas janelas enormes, uma de cada lado da sala?

Lembro sempre de cinco pratos. O jantar começava com a tal sopa, já que o feijão era proibido à noite – sei lá por quê... Acho que papai achava pesado, e mamãe adorava coisas molhadas. Depois salada, arroz, alguma carne e a misturinha de legumes.

Não havia novidades para a salada: alface e tomate, ponto. Provavelmente era a mesma do almoço. Nada de rúcula, de agrião, esses verdes-escuros que hoje se usa tanto. Às vezes rabanete – será que eu era a única que comia rabanetes? O gosto ardido prometia ser ruim, mas não era. Além disso, gostava da consistência – sou mais ligada ao tato do que ao paladar –, resistente e depois quebradiça; quase tão boa quanto a do pepino.

Eu também adorava pepino e comia os rabanetes. Não sei dizer se eu realmente gostava ou gostava de gostar como você falou sobre a sopa de aveia. Parecia, talvez, um grande desafio sentir aquele ardor na boca. Era excitante.

Seria obrigatória a salada? Para mim não vinha ao caso, porque também gostava, gosto, de salada. Imagino que a idéia que nosso pai fazia de uma alimentação saudável passava pela obrigação de verduras cruas. Você era obrigado a comer salada?

Lembro-me de alguma coisa sobre ser obrigado a comer quibebe – que eu realmente detestava –, mas acho que também não tinha problemas com a salada. Aliás, não me lembro muito de coisas obrigatórias. Acho que mamãe tentava me convencer de quão gostoso era bife de fígado, que me dava ânsias, e, às vezes, até disfarçava o sabor cortando em tirinhas bem fritas com *bacon* e cebola. Mas isso deveria ser no almoço, pois papai detestava cebola. Claro, ele disfarçava o fato de não gostar dizendo que dava gases. Ele não podia ter desejos, apenas razões.

*Touché!* Você deveria ter me contado isso quarenta anos atrás. Viria daí a paixão por discutir temas gerais conosco? A razão seria um mero pretexto para a paixão? O cardápio das nossas polêmicas se anunciava desde antes do jantar. Um de nós introduzia um tema...

Um de nós? Um de vocês três... Eu e o Zé não estávamos nem aí. A gente ficava fazendo trenzinho com os apoios de talher. E mamãe nos panos quentes...

Ele dizia: "Discutir no jantar perturba a digestão", e mergulhava de cabeça em qualquer discussão, sem peias, com tanta seriedade que eu chego a me perguntar, hoje, se ele se dava conta de que éramos crianças. Foi meu *sparring*, meu treinador para os embates da vida.

Eu aprendi a ser hipócrita...

96 • céu da boca

Demorei décadas para descobrir que não precisava levar todas as provocações dele a sério. A discussão não tinha nada a ver com as broncas comuns dos pais comuns. Raramente era um sermão por conta de alguma rebeldia infantil. Nada disso: era uma discussão teórica. Disputávamos nada menos que a verdade definitiva sobre algum assunto, até o fim das nossas forças. Ou até que eu fosse mandada embora da mesa, de castigo, gritando escada acima: "Eu odeio você!" – para desespero de mamãe.

Engraçado... as de que eu me lembro eram as mais prosaicas. Alguma coisa sobre o seu corte de cabelo ou ir ou não à Madame Poços Leitão. Era realmente uma disputa sobre a verdade definitiva, mas o que me surpreende é não ter certeza se era ele que queria que vocês freqüentassem o curso de dança e boas maneiras da Madame ou se era o contrário.

Essas brigas – atenção! Essas não eram as grandes discussões, conceituais; eram meras disputas – vieram mais tarde, na minha pré-adolescência. Na infância, discutíamos sobre a verdade definitiva das coisas. A predileta (minha? Dele?) era a respeito da existência de Deus. Eu estava do lado da mãe, e das mulheres da família dela (já que a mãe dele, minha avó iluminista, já havia deduzido a inexistência de Deus depois de ler os livros de filosofia de vovô). Eu estudava com as freiras, ia à missa e levava tudo a sério. Ele era ateu, de pai e mãe. A provocação predileta era me pedir para explicar por que Deus, em sua infinita bondade, teria criado um mundo tão falho, tão injusto, cheio de imperfeições. Por que criou a pobreza? Por que as doenças? Por que fez os homens capazes de matar seus semelhantes?

Essa história sobre a existência de Deus eu achava divertida. Acho que nesse tempo aprendi a relativizar as verdades. Claro que eu tinha uma admiração enorme por papai e a opinião dele contava muito. Eu era o filho mais grudado nele, mas era super-religioso. Tinha um medo de Deus que me pelava. O que eu gostava com papai era de ir para a garagem ficar mexendo com as ferramentas, montando trenzinho elétrico.

Vai ver que eu entrava nessas discussões porque não tinha nenhum assunto de menino para compartilhar com ele. Além disso, voltava do colégio convencida do dever cristão de converter meu pai. Mas nada disso me tirava o apetite. Se havia rosbife, por exemplo, eu queria as fatias do meio – menos cozidas – e cobria o arroz de molho acebolado. Mas como molho acebolado, se papai detestava cebolas? O molho vinha separado da carne? Talvez. Só sei que, pra mim, o arroz só interessava como suporte do molho, muito molho. Já o Zé, por exemplo, teve aquela fase esquisita, de só gostar de arroz puro.

Ao contrário de você, eu preferia as fatias de fora, com a casquinha torrada que eu saboreava rapidamente, com bastante molho, mas engolia o mais depressa possível. Eu não gostava de mastigar o rosbife: a carne mascada me dava repugnância.

Escolho lembrar do rosbife e de uma receita de espinafre que nunca mais comi: um creme levado ao forno, coberto com torradas e uma rodela de ovo cozido enfeitando cada uma. Claro que o melhor era o ovo, aliás: a clara do ovo. O resto – espinafre, gema, torradinha – era o preço a pagar para ter entre os dentes a consistência elástica da clara do ovo cozido.

Minha grande expectativa era pela chegada do doce de batata-roxa. Eu adorava! Não sei por quê... Outro dia provei, depois de anos, na casa de um amigo, e achei bem sem graça. Acho que era por causa da cor.

Mas, bem antes da sobremesa, a chapa já estava quente. Disputávamos a existência de Deus como se Ele próprio dependesse do resultado da discussão. O pior é que eu não acreditava nos dogmas da fé. Jamais diria que Deus fez o mundo imperfeito para provar nossa obediência, ou que nos criou capazes de fazer o mal para nos obrigar a exercer o livre-arbítrio, como ensinavam nas aulas de religião. Na verdade, não me lembro do que

98 • céu da boca

eu dizia; recordo a humilhação de perder a batalha verbal, de me ver encurralada por meus próprios argumentos infantis, de perder a cabeça e a educação, de modo que ele se visse obrigado a retomar suas funções de pai e me mandar para o quarto, sem sobremesa.

Hahaha! Essa ameaça – ficar sem sobremesa – era o castigo final por qualquer insolência. Na minha visão de caçula – não me lembro, jamais, de ter passado por isso –, era a hora em que ele não tinha mais argumentos. Nem você ou o Duto. As discussões eram sempre ferozes, mas se mantinham durante muito tempo na base da argumentação acalorada. Quando os argumentos começavam a se esgotar, havia um crescendo rápido, alguns gritos e o veredicto final: para o quarto sem sobremesa.

O que não quer dizer que eu não me lembre das sobremesas. Nunca fui muito ligada em doces, até hoje; mas não posso me esquecer da ambrosia. Sinto-me um pouco traidora em relação à mamãe, porque a melhor ambrosia, sem dúvida, era a de vovó Eunice, mãe dele. As casquinhas de limão, ligeiramente amargas, pontuavam o excesso de doce; uma parte da clara do ovo separava-se da gema – volto à clara do ovo e sua consistência elástica, por que será? Acho que a consistência dos alimentos, o sentido sensual do tato, mesmo dentro da boca, é mais importante para mim do que o sabor. Já reparou no macarrão? O sabor de todas as formas de massa é o mesmo, mas que diferença tátil entre o espaguete, o *fusilli* e o *farfalle*, por exemplo!

Vai ver é por isso que você virou psicanalista.

Não sei se a ambrosia era freqüente em casa, mas não hesito em escolher essa sobremesa como minha predileta.

Acho que quem realmente adorava ambrosia era o Zé. Até hoje, aliás, a reação dele diante de uma prato de ambrosia é fenomenal: aquele homenzarrão, de um metro e noventa, rindo e salivando... Para mim, além do doce de batata-roxa, mais cotidiano, a sobremesa predileta era o pavê de chocolate da Delma, servido nos dias de festa ou em jantares especiais. Aliás, doces só eram servidos no jantar. Na hora do almoço a sobremesa era sempre fruta ou, no máximo, creme de abacate.

Como é que eu voltava para a sobremesa depois de ter sido expulsa da arena, indignada, declarando em prantos meu ódio ao homem que havia me humilhado na disputa intelectual? Será que mamãe vinha me resgatar do castigo? Como é que ele permitia que eu voltasse?

Mamãe dizia: "Sérgio, ela é só uma criança!" Papai relutava. O estilo dele não permitia o perdão imediato. Tinha de manter a coerência: botou de castigo, fica de castigo. Mas mamãe sempre foi compassiva e ele acabava cedendo, sempre com algum resmungo: "Você está estragando essas crianças!" Algumas vezes fui te chamar no quarto e lembro-me claramente do sorriso disfarçado e vitorioso de mamãe quando voltávamos para a mesa.

O fato é que a discussão sobre a existência de Deus ou o destino inevitável dos pobres tinha dois desfechos seguidos. Primeiro, minha expulsão; depois, meu retorno, mais mansa, para o mesmo lugar, ao lado dele. Era quando ele, que nunca fora de grandes carinhos comigo (que inveja de você, caçula a quem o pai dava a mão na rua!), dava um tapinha gentil na minha mão e dizia, conciliador: "Isso é paixão..."

Pois você não imagina o choque que foi para mim o dia em que papai veio me explicar por que eu não podia mais andar de mãos dadas com ele...

Aí estava meu triunfo. Sobre os irmãos, três meninos – três me-ni-nos! Os reis dos animais! E eu, uma reles menina, era a quem ele declarava publicamente a paixão. Triunfo sobre ela, minha própria mãe. Um terço inteiro à noite não me parecia suficiente para ser perdoada por isso. Minhas insônias até mais de meia-noite, enquanto o relógio da sala batia as dez, as dez e meia, as onze... triunfo e culpa. Triunfo e culpa.

Nesse tempo eu não conhecia a insônia. No máximo, sonhava acordado por uma meia hora com o próximo presente de Natal.

Que vida mansa, a dos caçulas! Foram jantares diferentes, o meu e o seu. Na mesma mesa, com a mesma família, diante da mesma comida.

Vida mansa... Sei! Você não faz a menor idéia do que é ter três irmãos mais velhos, cheios de sorrisos sarcásticos, tentando te convencer por um dia inteiro (inteiro! Não, na verdade pareceram anos...) que farofa é feita de sola de tamanco ralada.


MARIA RITA BICALHO KEHL é psicanalista. Doutora em Psicanálise pelo Departamento de Psicologia Clínica da PUC-SP, trabalhou como jornalista entre 1974 e 1981, e desde então continua publicando artigos em jornais e revistas. É autora e organizadora de vários livros. Sua última obra é *O ressentimento* (Casa do Psicólogo).

ANTONIO KEHL nasceu em Campinas em 1956. Trabalha com artes gráficas desde 1978. A partir de 1993, especializou-se na área editorial, fazendo projetos gráficos de livros e capas. Por meio do contato cotidiano com textos e revisões, apaixonou-se pela língua portuguesa e vem, nos últimos anos, arriscando algumas crônicas e pequenos contos.

# à mesa com a mãe judia

moacyr scliar

Figuras femininas fortes sempre estiveram presentes na história judaica, a começar pelas matriarcas bíblicas, cujas histórias até hoje nos comovem e nos impressionam. Mas a matriarca bíblica não é a mãe judia do folclore, aquela sobre a qual mil histórias são contadas. Para começar, a mãe judia é uma criação da diáspora, e de uma particular diáspora, aquela da Europa Oriental no século dezenove e começo do século vinte. Os judeus viviam então no *shtetl*, a pequena e pobre aldeia retratada em filmes como *O violinista no telhado*. O chefe de família tinha uma profissão humilde: era alfaiate, ou leiteiro, ou sapateiro, ou pequeno agricultor. Qualquer que fosse sua ocupação, ela era desenvolvida fora de casa. Esta – e a família, quase sempre numerosa – ficava entregue à mãe judia. Que não tardou a desenvolver um perfil próprio, o perfil de uma mulher ansiosa, superprotetora, alimentadora.

Beto Scliar

moacyr scliar

**qualificativos** explicáveis. Razões para ansiedade não faltavam: a pobreza, a doença, a ameaça constante dos *progroms*. A superproteção vem daí, da precariedade dessa existência. Proteger significava cuidar, abrigar, defender – mas significava sobretudo alimentar. A ameaça de fome era real, como o era a ameaça das doenças associadas à desnutrição. Por isso a magreza era temida: podia ser o prenúncio da tuberculose, a peste branca que dizimava os habitantes do *shtetl*. Para alimentar a família, as mães judias desenvolviam habilidades especiais. Chegavam a criar pratos únicos, como o *tchulent*. O termo vem do francês, *chaud lent* (na Rússia, o francês era *de rigueur* entre as classes mais abastadas, e às vezes chegava aos pobres). O que era o *tchulent*? Basicamente, um cozido de carne com legumes. Mas tratava-se de um cozimento que se prolongava por vários dias e acabava por tornar mastigável a dura carne que os pobres podiam comprar.

Ao emigrar para a América, os judeus mantiveram esse modelo. O Bom Fim, o bairro onde nasci e me criei em Porto Alegre, era um verdadeiro *shtetl* no meio da capital gaúcha. E, assim como o cenário se conservava, o mesmo acontecia com o modo de viver. O pai judeu continuava sendo o alfaiate, o marceneiro, o pequeno lojista; a mãe judia continuava sendo a ansiosa superprotetora e alimentadora. No Bom Fim, não era raro ver mães correndo atrás dos filhos com um prato de comida em plena rua. Posso aliás dar um testemunho pessoal. Magrinho, sem apetite, eu só comia umas colheradas de sopa quando ligavam as máquinas na marcenaria do meu tio. Meu irmão menor era ainda pior: ele não comia nada *mesmo*. Era um mistério saber como sobrevivia. Minha mãe acabou descobrindo: em frente à nossa casa havia uma construção. Meu irmão atravessava a rua e pedia comida aos operários que, condoídos, alimentavam-no. Sabendo disso, minha mãe fez um pacto com a classe trabalhadora: ela fornecia comida aos homens, que a colocavam nas marmitas. Assim, meu irmão acabava sendo alimentado por sua mãe judia.

104 • céu da boca

Retratei um pouco destas vivências em *O exército de um homem só*. O narrador fala de seu irmão:

"Mayer era *muito* magro. Seu crânio se revelava debaixo da pele esticada do rosto, sob o couro cabeludo raspado – seu duro crânio branco. Tão mal forrada, nenhuma cabeça poderia pensar direito. Na busca de alimentos para Mayer, nossa mãe revelava *diligência, argúcia, arrojo, destemor; perícia* e *espírito de improvisação; carinho*. Perseguia tenras galinhas, suas e dos vizinhos; levava-as em pessoa ao *schochet*, assistia ao sacrifício ritual, cuidando assim que a carne (especialmente a do peito, que era a que Mayer abominava menos) recebesse as bênçãos divinas. Viajava quilômetros para conseguir de certa mulher, moradora no Beco do Salso, leite de cabra – único preventivo contra a tuberculose que ameaçava os meninos magros. Mais tarde, quando nos mudamos para a rua Felipe Camarão, ela ia bem cedo à venda comprar maçãs para Mayer. Por mais que madrugasse, contudo, já lá achava as vizinhas comprando maçãs. Para entrar na luta pelas maçãs maiores e mais maduras, nossa mãe desenvolveu habilidades especiais; seus cotovelos, mergulhando na barriga das outras, impulsionavam-na como remos; sua voz ressoava como uma sirena no nevoeiro; e seu peito rompia o mar de gente como a dura quilha de um barco. Finalmente ela chegava ao caixote de maçãs. De posse das frutas corria para casa – e lá encontrava a cara de nojo de Mayer. O arroz saboroso Mayer recusava; os *kneidlech* quentinhos recusava; os biscoitos doces recusava.

Nossa mãe então sentava à frente dele com um prato de sopa.

– Come.

Mayer não queria.

Nossa mãe empunhava a colher. Mayer cerrava a mandíbula, fechava os olhos e ficava imóvel.

– Come.

Nossa mãe metia-lhe a ponta da colher na boca. Mayer sentia o gosto da sopa, aquela sopa boa e quente, aquela rica sopa que nossa mãe fazia – e mesmo assim não abria a boca. Nossa mãe insistia com a colher em busca de uma brecha para entrar. Houve uma época em que Mayer perdeu dois ou três dentes e ficou com uma falha; por ali nossa mãe derramava um pouco do líquido. Depois que os dentes cresceram, ela descobriu, entre a bochecha e a gengiva, um reservatório que considerou providencial; acreditava que bastaria depositar ali um pequeno volume de sopa; mais cedo ou mais tarde Mayer teria de engoli-la. A resistência de meu irmão, contudo, era fantástica; podia ficar com a sopa ali minutos, horas – dias, acredito.

– Come. Come.

Nossa mãe começava a ficar nervosa. Nosso pai vinha em auxílio dela, inutilmente. Mayer não abria a boca.

– Come!

Nossa mãe abandonava a sopa e tentava o pão, a batata, o bife, a massa, o bolinho, o pastelão, o embutido, o frescal, o quente, o frio, o sólido. Nada. Mayer não comia."

Agora: por que não comíamos? Por uma simples razão: não tínhamos fome. Nunca tínhamos fome. Aliás, eu nem sabia exatamente o que queria dizer essa palavra, a que sensação correspondia. Estou com fome, dizia um amigo gói, e eu o ouvia, intrigado e assombrado: o que era aquilo de ter fome?

A mãe alimentadora acabava fomentando a fixação edipiana dos judeuzinhos, e não é de admirar que a psicanálise tenha lançado tão fortes raízes no Bom Fim.

Essas coisas mudaram. O problema hoje é a obesidade, não a desnutrição. Alertada sobre os riscos do excesso de peso, a mãe judia já não é alimentadora, nem mesmo superprotetora. Trata-se de uma espécie em extinção. Cultas, informadas, analisadas, muitas vezes, as jovens mães têm uma relação com os filhos muito diferente. Ninguém mais prepara *tchulent*. Ninguém mais corre atrás dos filhos com um prato de sopa. E os operários da construção ficam esperando, em vão, que alguém lhes traga comida judaica para encher suas marmitas.

MOACYR SCLIAR nasceu em Porto Alegre em 1937. É autor de 76 livros em vários gêneros: conto, romance, ensaio, ficção juvenil. Suas obras foram publicadas em cerca de vinte países, com grande repercussão crítica. É detentor de vários prêmios literários, no Brasil e no exterior. Tem textos adaptados para cinema, teatro, televisão e rádio. Duas influências são importantes na obra de Scliar: sua condição de filho de imigrantes e sua formação de médico de saúde pública. "A Brazilian master", disse sobre ele o *The New York Times*. Doutor em Ciências, é professor na Faculdade Federal de Ciências Médicas de Porto Alegre e membro da Academia Brasileira de Letras. Um de seus livros de crônicas – *O olhar médico* – foi editado pela Ágora.

# memórias infantis e heranças gastronômicas

renata braune

Minha tia Lourdes já dizia que eu nasci próximo ao horário do almoço porque nasci com fome; acho que ela tinha certa razão. Na verdade, todas as minhas lembranças de infância, adolescência e juventude estão diretamente relacionadas com o alimento.

Lembro-me de coisas boas e ruins, todas ligadas a situações em volta da mesa ou a alimentos. Tenho fotos de quando eu era bebê com duas mamadeiras na mão, sinal de que a falta do alimento não passara despercebida em minha vida. Para ter uma idéia, nunca passei fome. Mesmo naquelas situações em que as pessoas são pegas de surpresa e ficam sem alimento (numa chuva, num congestionamento ou em viagens), sempre tenho à mão alguma coisinha para comer. Sempre.

Um dia, quando eu tinha 3 para 4 anos, minha mãe estava comendo coalhada seca fresca e eu, gulosa como sempre,

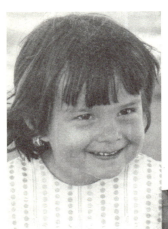

renata braune

**quis provar.** Ela bem que me avisou que eu não iria gostar, mas, como boa capricorniana teimosa, insisti. Resumindo, fui obrigada a comer toda uma xícara, entre choros e ânsias, e como conseqüência não bebo leite e iogurte até hoje (em raras exceções como iogurte, mas só o cheiro de leite me enjoa).

Lembro-me também de uma cena *sui generis* e emocionante para uma criança de 4 anos: caranguejos vivos presos por corda tentando sair de dentro do tanque de lavar roupas. (Deu um medo enorme, e só hoje sei como é bom um caranguejo fresco.)

Em outra ocasião, entre os 5 e os 6 anos, no dia seguinte a uma grande feijoada em casa preparada pela minha mãe (a feijoada é famosa até hoje, preparada no fogão por doze horas), eu, meu irmão, minha prima e hoje comadre Selena e minha prima Evelise enfrentamos uma aventura incrível para comermos chuviscos (doce português de ovos, comum no Rio de Janeiro). Os mais velhos pularam a janela do quarto e foram para a cozinha; eu e Selena, que éramos menores, fomos rastejando lentamente pelo corredor, passando pelos quartos em silêncio para que nenhum adulto nos ouvisse e impedisse de provar nossos chuviscos. Até hoje não entendo por que crianças não podem comer doces pela manhã...

Na verdade, nasci numa família de grandes cozinheiras, cada uma com sua especialidade. Tia Leomar era a mais sofisticada de todas, com sua receita de patê de fígado, sua torta de figos e outras coisas mais. Acho que foi dela que ouvi pela primeira vez o nome Cordon Bleu, referência a um grande cozinheiro. Tia Marina era uma grande confeiteira que fazia bolos de festas, doces e até sorvete em casa. Minha tia-avó Maria chegou a fazer comida para fora; lembro-me bem dos bifes à milanesa deliciosos que comíamos em sua casa. Já minha tia Vanda herdou da mãe, tia Lila, uma receita de canja de galinha e um arroz-doce que não esqueço até hoje. E por fim minha mãe, que quando solteira fez salgadinhos para fora para custear seu enxoval e, depois de casada, dava almoços e jantares inesquecíveis. E, embora não entre mais na cozinha, sabe mandar como ninguém.

Aliás, acho que a herança hereditária, nesse caso, é de talento para cozinhar e para mandar. Ressalva, em tempo: conheci apenas um homem da família que gostasse de comer bem e fosse refinado: tio Telyo. Era ele que trazia da Europa coisas diferentes e preparava os pratos mais sofisticados, com toda pompa e circunstância. Ele teria gostado muito de conviver com uma sobrinha literalmente Cordon Bleu.

Minha infância foi marcada também por comidinhas de botequim, pois naquela época eu morava no Rio de Janeiro. Bastava dar um bolinho de bacalhau e uma Coca que a Renatinha ficava quietinha (sentavam-me em cima de barris de chope de madeira, naquela época não existia o inox). Também me davam ovinhos de codorna para descascar e comer.

Talvez tenha sido com base nessas experiências que eu tenha aprendido a gostar de comer e a manipular os alimentos com a mão. Comida de rua é algo que me fascina até hoje, pois transmite de forma mais natural possível a cultura de um povo. E nos põe em contato direto com o alimento, sem pratos e talheres.

Mas no fundo acho que a maior e melhor herança que recebi dessas mulheres talentosas e generosas foi o prazer de dar prazer às pessoas queridas e amigas. Cozinhar despojadamente proporcionando alegria às pessoas talvez seja o que de mais importante aprendi. Momentos à mesa com amigos e pessoas queridas são sempre únicos e inesquecíveis.

# receita

### champagnota

Esta bala de chocolate com mel sempre foi servida nas festas da família de minha mãe, e eram embrulhadas em papel-alumínio colorido. São deliciosas e têm sabor de quero mais.

*ingredientes*
1 lata de leite condensado
250 ml de mel
150 g de chocolate em pó
2 xícaras de chá de nozes picadas
2 colheres de sopa de manteiga
1 pacote de bolacha Maria ou Maizena

*modo de preparar*
Leve ao fogo o leite condensado, o mel, o chocolate em pó e a manteiga.

Deixe em fogo baixo, mexendo sempre. Quando a mistura soltar do fundo da panela, adicione as nozes picadas e mexa por mais 5 minutos. Pique as bolachas e coloque-as numa assadeira rasa e pequena. Ponha o recheio sobre as bolachas. Leve à geladeira para esfriar. Depois de fria, corte em pedaços regulares e embrulhe para servir (precisam ser embrulhadas porque elas ficam puxa-puxa e grudentas). Rendimento: de 60 a 80 balas.

## surpresa

Era o prato predileto de minha avó materna. Eu não a conheci, mas também sou fã desta receita, que parece ser apenas uma farofa de ovos, mas esconde no fundo da travessa um delicioso ensopado de camarão com vagem.

*ingredientes*
1 quilo de camarão limpo
4 tomates
300 g de vagem manteiga cortada finamente
1 cebola

1 limão
1 dente de alho
4 colheres de sopa de azeite virgem
sal e pimenta-do-reino

para a farofa
200 g de farinha de mandioca crua
100 g de manteiga
6 ovos
sal

*modo de preparar*

Refogue no azeite os tomates despelados e cortados em pedaços, com o alho e a cebola picados e sal e pimenta-do-reino a gosto.

Quando o tomate tiver desmanchado, coloque os camarões (temperados com sal), o limão e a vagem, tampe a panela e deixe cozinhar em fogo médio por 5 minutos. Reserve.

Coloque a manteiga numa frigideira e, quando derreter, acrescente os ovos e uma pitada de sal. Deixe os ovos começar a cozinhar e mexa-os com cuidado, para que não fiquem muito quebradiços. Adicione a farinha de mandioca e, com cuidado, vá mexendo para cozinhar a farinha. Retifique o sal e vá provando para verificar se a farofa está cozida (o gosto dela crua é perceptível; quando cozinha, costuma ficar mais leve).

RENATA BRAUNE, 42 anos, é uma carioca criada em São Paulo. Ensaiou seus primeiros passos na cozinha já aos 12 anos, um dom de família. Em 1991, decidiu se profissionalizar. Cursou a École Le Cordon Bleu e estagiou na cozinha central do restaurante Fauchon. Ainda na França, trabalhou no Île de Ré, em La Varenne. Em 1994, fez cursos de *boulangerie* (pães) e *entremets* (sobremesas) na École Lenôtre. É *chef*-consultora permanente do restaurante Chef Rouge, em São Paulo, e presta assessoria na elaboração e implantação de cardápios para outros restaurantes.

# minha família
## ruth rocha

A sala de jantar sempre foi o centro da minha família. Nós tomávamos café juntos, almoçávamos e jantávamos juntos.

E conversávamos muito em torno da mesa.

Até hoje, que meus pais já se foram, a família se reúne, freqüentemente, em torno de uma refeição: almoços ou jantares, que se estendem por muitas horas, porque a conversa é sempre boa.

Quando éramos jovens, a conversa girava muito em torno do meu pai, que era muito inteligente e espirituoso e puxava a conversa para nós, cinco irmãos alegres e faladeiros.

Nós contávamos à família nossas pequenas histórias. As boas notas eram sempre comentadas por meu pai:

– Não fez mais que sua obrigação! Mas, como nem todo mundo cumpre suas obrigações, está de parabéns!

ruth rocha

minha família • 117

Mas, evidentemente, uma refeição não se faz apenas de conversas.

E aí entrava minha mãe.

Ela nunca foi uma grande cozinheira. Mas tinha sempre boas empregadas, que faziam as delícias da nossa infância.

Ah! Os creminhos de taça, os bolos de laranja, os pudins de creme! E os bifes com molho, os risotos de camarão, as sopas de tomate com bolinhas de queijo!

E os peixinhos feitos especialmente para mim, já que eu adorava peixe.

Ah! Os feijões com arroz, ovo estrelado, bife com batatas fritas! Os bolinhos de arroz, os croquetes de carne, os purês à Pompadour...

E havia também o célebre vatapá do vovô Yoyô! Era uma festa!

Segundo ele, esse vatapá era do Pará, e tinha dentro grandes pedaços inteiros de peixe! Havia na família um vatapá rival, que quem fazia era o Toni, primo da minha mãe, que, segundo contam, era legitimamente baiano. Mas esse eu nunca provei.

Do lado do meu pai havia a tradição dos doces.

Tia Filhinha fazia tudo quanto era doce. Mas a especialidade dela eram os bombocados, os quindins, os olhos-de-sogra e as geléias.

Ela era herdeira da tradição dos doces da minha tia Alzira. Tia Alzira, casada com o tio Álvaro, tinha sido muito rica. Mas o marido, que se aposentou cedo, perdeu tudo que tinha jogando no bicho, nos bichos de letra C. Tia Alzira, coitada, tornou-se doceira. Fornecia doces à célebre Confeitaria Colombo, no Rio. Sua filha, tia Filó, continuou a tradição, já que se casou com um Rodrigues Alves caça-dotes, que não se deu conta de que a fortuna já estava acabando quando se casou e acabou abandonando a esposa.

118 • céu da boca

Havia ainda minha tia Rita, que fazia doce de casca de laranja, quadradinhos de chocolate e uns amores-aos-pedaços que... Ai!

Mas, voltando à casa paterna, minhas lembranças vão mais adiante no tempo e chegam à chácara da Granja Vianna, onde todos os domingos havia um almoço de responsabilidade. Freqüentemente havia de vinte a trinta convivas.

Frangos, lombos, carnes assadas, risotos, tortas; sobremesas, quatro ou cinco: pudins de chocolate, manjar branco com baba-de-moça, um célebre bolo de chocolate e café...

Ah! Às tantas, meu pai resolveu criar coelhos. A família, na verdade, não gostava muito. Mas todos comiam para agradar meu pai.

Até que um dia, no afã de fazer um coelho realmente espetacular, minha mãe temperou o prato com uma garrafa inteira do uísque predileto do meu pai.

Daí em diante, acabaram-se os coelhos.

Sobraram as lembranças de um passado feliz, de muita conversa, de muita comida. Em resumo, um passado muito, muito doce...

# receita

### creme de taça

Este creme era uma das especialidades da minha mãe. Ela aprendeu a fazê-lo com minha avó paterna e foi sempre minha sobremesa favorita.

*ingredientes*

4 gemas
2 ½ xícaras de chá de açúcar
2 copos de leite
1 colher de sopa rasa de maisena
1 colher de sopa de chocolate em pó

*modo de preparar*

Faça uma gemada com as gemas e o açúcar. Junte o leite e a maisena. Separe uma terça parte, à qual junte a colher de chocolate. Em panelas separadas, leve as duas misturas ao fogo, mexendo sempre. Coloque em taças: primeiro o creme simples, depois o de chocolate.

RUTH ROCHA é escritora, dedicando-se à literatura juvenil. Tem 140 livros publicados e cem obras traduzidas. Cozinheira de qualidade média, ainda assim faz um ótimo *coq au vin*.

A Associação Prato Cheio foi fundada por um grupo de jovens, em abril de 2001, com o objetivo de participar ativamente do combate à fome em nosso país. A APC faz uma ponte entre doações de alimentos *in natura* e as entidades que cuidam de pessoas em situação de vulnerabilidade social. Inspira-se em experiências de coleta urbana, como as organizações da *food chain* que atuam nos Estados Unidos e no Canadá. A APC arrecada semanalmente mais de oito toneladas de alimentos e beneficia cerca de 4 mil pessoas em trinta instituições assistidas. Para saber mais, visite o site www.pratocheio.org.br, envie um e-mail para info@pratocheio.org.br ou telefone para (11) 3035-1850.